정의는 왜 내 편이 아닌가

정의는 왜 내 편이 아닌가

나와 세상을 바꾸는 소소한 정의

김성완 지음

산지

우리는 행복해지기 위해 정의가 필요하다

"강사님, 우리 사회가 정말로 청렴해질까요?"

모 기관에서 강의하던 중 한 수강자가 필자에게 던진 질문이었다.

"저는 어렵다고 생각해요."

정의로운 사회는 불가능에 가깝다고, 자신의 생각을 덧붙였다. 꽤 시간이 지났건만 그의 단정이 아직도 귓전에 메아리처럼 울린다.

과연 부패와 불공정은 해결할 수 없는 과제일까?

애초에 우리 사회에서 정의니 공정이니 하는 주제는 사치스러운 것인가?

언제부터인가 나는 영화 속에 나오는 좀비들이 '정의를 달라'고 쫓아오는 꿈을 자주 꾼다. 눈만 뜨면 온갖 매스컴과 인터넷에서 '우리 사회의 정의는 실종되었다'고 도배질하듯 아우성을 치니 그런 꿈을 꾸나 싶다.

떠들썩한 사건이 터질 때마다 사람들은 각자의 생각만이 정의라고 떠들어댄다. '내 편이면 정의롭고, 네 편이면 정의롭지 못하다'고

제각각 주장한다. 일종의 '내로남불'식이나 '선택적 정의'인 셈이다.

무엇이 정의인가?
왜 정의로워야 하는가?
나와 공동체의 정의를 위해 이떻게 행동할 것인가?

이러한 물음에 대해선 입을 다물어버리거나 엉뚱한 대답을 한다. 그저 밑도 끝도 없이 "요즘 우리 사회는 정의가 사라졌다"라는 절망적인 넋두리만 입버릇처럼 달고 산다.

정의는 액자 속 명화를 감상하듯 그저 받아들이는 게 아니다. 이해하고 공감한 부분을 직접 실천하는 것이다. 실천하지 않는 정의는 불의에 침묵하는 것과 다르지 않다.

또한 정의로운 사회는 거대한 무엇을 단숨에 바꿔 이루는 것도 아니다. 하나하나, 사소함에서부터 출발해 물이 종이에 스미듯 삶의 전 영역으로 확장해 나가는 것이다.

"기회는 평등하게, 과정은 공정하게, 결과는 정직하게."
최근 마치 유행가 가사처럼 자주 듣게 되는 말이다. 분명 마음에 새겨둬야 할 의미이다. 하지만 그 의미가 삶의 영역까지 영향력을 미치려면 먼저 우리 자신에게 물어야 한다.

기회만 평등하고, 과정만 공정하고, 결과만 정직하면, 정말 정의로운 사회가 되는 것일까?

《이솝우화》에 나오는 꾀 많은 토끼와 느림보 거북이의 달리기 경주를 두고, 과연 평등한 기회라고 말할 수 있을까?

직장에서 배경과 연줄을 이용해 승진하고 좋은 보직을 받는 경우가 많다. 배경과 연줄도 능력이라고 당연하게 여기는 풍토가 남아 있다면, 과정의 공정성을 기대할 수 있겠는가?

20년간 누명을 쓰고 옥살이를 한 사람이 무죄 판결을 받았다. 그렇다면 유죄 판결과 무죄 판결에 적용된 정의의 가치는 서로 달랐다는 뜻인가?

부모 찬스, 낙하산 인사, 유전무죄 무전유죄, 집단 이기주의, 승자독식…….

언제부터인가 이러한 단어들이 식탁 위의 먹거리처럼 되어 버렸다. 어디 그뿐인가? 동창회, 동문회, 향우회 등 학연, 지연, 혈연의 어느 하나라도 줄을 잡지 않으면 마치 외계인 취급을 받는 사회가 되어 버렸다. 심지어는 사우나에서까지 '무슨 아파트 몇 동'이라는 식으로 연줄 만들기에 비지땀을 쏟기도 한다.

불공정하고 불합리한 것들이 개인의 이득과 탐욕을 위해 우리 사회의 주어가 되어버린 지 오래다. 정의를 훼손하는 문제는 이미 위기 수준에 와 있다.

현직에 있다 보니 간혹 후배나 친구들로부터 곤혹스러운 전화를 받을 때가 있다.

아들이거나 친척, 혹은 지인이 신임 순경으로 입사했는데 좋은 부서에 발령을 내줄 수 있느냐는 것이다. 난감해하면 부탁을 넘어 청탁의 말이 이어진다.

"우리 사이에 그 정도는 해줄 수 있겠지."

"너의 능력을 보겠어."

마치 관계를 놓고 저울질을 하는 듯해 여간 곤욕스럽지 않다. 이 정도면 강요의 수준이다. 거절할 경우, 원망과 불평의 말을 쏟아낸 뒤 소원한 관계로 돌아서게 된다.

사람들은 자신의 행동에 책임을 질 의무가 있다. 그럼에도 불구하고 책임 소재를 타인에게 돌려 비난하려 든다. 《이솝우화》에 나오는 여우의 '신 포도 기제'처럼 자신의 부족한 노력이나 능력을 탓하지 않고, '신 포도라서 맛이 없을 거야'라며 회피하거나 스스로를 합리화시킨다.

"불공정을 저지르는 쪽은 기득권층이다."

"정의가 무너진 건 전적으로 특권층 탓이다."

"불평등은 우리 같은 서민들과는 무관한 이야기이다."

불공정이 전적으로 한쪽에서 이루어지고 있다는 논리로 합리화시키는 경우이다.

정의의 가치는 가진 자의 횡포를 막고, 못 가진 자의 권리를 보호하는 것이다. 그렇다고 가진 자, 즉 기득권층과 특권층만을 문제의 핵심으로 인식해 비난의 화살을 쏘아대는 건 곤란하다. 세상에는 그들만이 존재하는 게 아니기 때문이다.

우리 모두는 공동체의 일원이다. 청탁, 편의 제공, 각종 특혜 등의 불공정을 특정 계층만 저지르는 건 아니다. 우리 모두가 불평등과 불공정, 특혜의 유혹 속에 둘러쌓여 있다. 따라서 누굴 탓하기에 앞서 내 자신과 주변을 둘러보아야 한다.

정말로 정의롭기를 바란다면 나와 공동체를 두루 살펴 어딘가에 박힌 가시를 핀셋으로 집어내야 한다.

원칙은 잘 지켜지는가?

혹여 차별은 없는가?

불공정과 불평등이 벌어지고 있진 않은가?

필자는 책상에 앉아 인터넷으로 검색하는 정의가 아닌, 생생한 삶의 현장 속에서 정의를 고민하며 살아왔다. 26년간 공직자로 근무해 오고 있다. 오랫동안 청렴 교육 전문 강사로 청탁 금지법과 행동 강령, 갑질, 윤리, 공직 가치 등을 강의했다. 국가 기관은 물론 각계 각층의 다양한 사람들과 소통하였다. 국무조정실·국무총리비서실과 인사혁신처, 금융위원회, 문화체육관광부를 비롯한 다양한 국가 기관에서 공직자가 갖추어야 할 공정성에 대해 이야기를 나누었다. 우리나라 청렴 교육의 메카인 청렴연수원에서 청렴 교육 강사를 꿈꾸는 이들에게 청렴의 현주소를 찾아가는 길을 제시했다.

서울대학교를 비롯 전국의 대학에서 교직원을 만났다. 서울, 인천, 울산, 광주, 세종 등 전국의 교육청에서 교직원을 상대로 교육의 미래와 정의로운 사회에 대해서 강의했다.

그외 고용노동, 병무, 산업안전, 문화체육, 예술, 방송, 의료, 교정, 해운항만, 농·수산, 주택금융, 교육연구, 해양과학 등 공공 기관이나 공직 유관 단체 직원들을 만나 각종 불공정이나 얽히고설킨 이해관계에 대해서도 허심탄회하게 이야기를 나누었다. 공직 유관 단체의 인권 영향 평가위원으로 활동하며 우리 사회의 공정성에 대해 다양하고 폭넓은 의견을 제시하기도 하였다.

필자는 다양하고 폭넓은 교류를 통해 정의의 현주소와 마주했다.

청장년층은 우리 사회에 만연해 있는 기회의 불공정에 대해 불만을 토로했다. 기성세대에서는 집단 이기주의, 기득권 세력의 횡포, 사회적 약자에 대한 무관심, 개인주의와 무질서, 계층 간의 갈등 등에 대한 하소연이 많았다.

세대를 넘어 한결같이 사회의 정의가 훼손되는 점을 안타까워했다. 하지만 아쉽게도, '나만 착하게 산다고 세상이 정의로워지는 것도 아니다'라는 비관론에 젖은 이들이 의외로 많았다. 정의로운 사회를 소망하면서도, 한편 정의의 가치에 피해의식을 갖고 있었다.

정의를 지키는 것을 대단히 어렵게 생각했고, 심지어 자신과는 무관한 가치인 양 여겼다.

이러한 일그러진 정의의 모습이, 이 책을 집필하는 동기가 되었다.

이 책에서 정의에 대한 거대한 담론을 이야기하진 않을 것이다. 정의를 개념적으로 접근하지 않겠다는 뜻이다.

개념적 정의는 이미 우리에게 익숙한 영역이다. 오히려 삶의 각 영역까지 적용, 실천하지 않아 문제가 되는 것이다. 사회 정의가 훼손되는 것은, 개념에 대한 무지 혹은 오해 때문이 아니다. 때로는 습관적으로, 때로는 무의식적으로 일상에서 저지른 사소한 행위가 정의의 가치를 무너뜨리는 것이다. 그러므로 누구나 범할 수 있는, 혹은 유혹에 빠질 수 있는 정의의 반대편에 대해 실제적이며 진솔한 이야기를 하고자 한다.

그렇다. 정의를 개념적으로 설명하는 대신, 정의가 왜 실생활에서 필요한지를 살펴보겠다. 바로 이 책을 관통하고 있는 주제이나.

우리가, 우리 사회가 정의로워야 하는 이유는 무엇일까?

그것은 정의가 공동체의 안녕은 물론 개인의 행복과도 밀접하게 닿아 있기 때문이다.

특권의식이 빚어낸 불공정한 현실 속에서, 권위주의로 인권이 위축된 상황에서는 어느 누구도 행복할 수 없다. 특혜와 차별을 당연하게 여기는 불평등한 사회에서 구성원은 불안과 좌절을 겪어야 한다. 공정과 인권과 평등의 가치가 지켜질 때 행복이 보장된다. 따라서 행복해지기 위해 정의가 필요한 것이다.

행복은 오늘, 지금 당장 삶의 현장에서 맛볼 수 있어야 한다. 그러기 위해선 정의 역시 머릿속에만 가두지 말아야 한다. 우리의 정의도 매일 입는 의복처럼 일상에서 펼쳐져야 한다.

작은 행동을 바꾸면 큰 습관이 변한다. 소소한 정의부터 실천해야 정의로운 삶이 열리게 된다.

인류 역사를 살펴봐도, 설사 혁명의 시기일지라도 정의는 단숨에 이뤄지지 않았다. 현재 우리가 누리는 정의 역시 마찬가지이다. 하나하나 소소한 것들이 축적되어 이뤄진 것이다. 오늘 나의 정의로운 행동이 사소하다고 가벼이 여기거나 외면할 일이 아니라는 것이다. 내가 지킨 소소한 정의가 결국은 더 공정하고, 더 상식이 통하고, 더 행복한 세상을 만들어가기 때문이다.

정의로운 사람은 아름답다.

그에게선 삶의 향기가 느껴지고, 그의 앞에선 저절로 옷깃을 여미게 된다. 이게 바로 정의의 품격이다.

예컨대 우리가 절체절명의 중요한 선택을 하는 순간이라고 가정하자. 정의로운 사람을 찾을 것인가? 혹은 약삭빠르고 권모술수에 능하며 임기응변으로 일을 처리하는 자에게 조언을 구할 것인가?

정의롭다는 것은 판단의 기준은 물론 행동의 지침 역시 그러하다는 의미이다. 우리는 일상 속에서 옳은 것과 그른 것을 알아채고 행동해야 한다. 오늘 지킨 소소한 정의가 결국 그 사람의 품격을, 삶의 가치를 좌우하게 되는 것이다.

그런 의미에서 이 책은 이러한 사람들이 읽기를 바란다.

무단 횡단을 자주 하거나 인적이 드문 밤에 신호 위반을 하는 사람, 방금 새치기해 놓고 우리 사회의 정의는 죽었다고 말하는 사람, 자녀에게 성공만이 최고라고 교육시키는 사람, 편법을 저지르고 '승진이나 사업을 위해 어쩔 수 없다'는 말로 자기 합리화하는 사람, 법을 집행하면서 정의가 무엇인지 헷갈리는 사람, 정의를 거대한 담론으로 여겨 머릿속에서만 소중히 여기는 사람, 그리고 정의로운 사회를 원하지만 정작 자신에게는 적용치 못하는 사람. 이 모든 사람들이 이 책의 독자들이다.

이 책을 통해 정의가 거창한 것이라는 오해가 바뀌길 바란다.

우리 모두 소소한 정의를 시그ㅡ로 정의의 품격을 갖춘 아름다운 사람이 되고, 그로 인해 아름다운 세상이 되길 소망한다.

2021년 5월 저자 김성완

거창하지 않은 삶 속 정의를 실천할 수 있는 길라잡이

박진성 | 전) 순천대학교 총장

무한 경쟁의 현대 사회에서 실력 배양은 절대적이다. 하지만, 정의를 저버리고 수단 방법을 가리지 않는다면 우리는 자멸하고 말 것이다. 오늘날, 이 절박한 문제를 해결하는 길은 무엇보다도, 정의로운 삶에 있다고 하겠다.

고대부터 많은 철학자들이 정의라는 주제를 논하였지만 막상 정의가 무엇인가? 라는 물음에는 누구나 머뭇거리게 된다. 이는 생활 속에서 늘 함께한 정의지만, 막연히 거창하게만 생각했기 때문일 것이다. 하지만, 이 책을 펼치는 순간, 정의라는 개념이 서고, 우리의 삶 속에서 정의를 다소나마 실천할 수 있는 길라잡이가 될 것이라는 생각이 들었다.

일례로, '공짜, 가장 비싼 가격'이라는 말이 나온다. 사실 우리는 공짜는 거저 갖는 것이라고 알고 있지만, 따지고 보면 세상에 공짜는 없고, 공짜가 습관이 되면 불법에 빠질 확률이 높아진다는 것이다. 그러므로, 공짜라는 함정에 빠지지 말라는 교훈을 잘 일러주고 있다.

저자 김성완은 궁즉통 극즉반(窮則通 極則反: 궁하면 통하고 극에 달하면 반전하게 된다)이라는 믿음을 갖고, 오직 젊음의 열정과 나답게 살고자 하는 용기만으로, 드물지만 우리 사회에 희망을 안겨주고 있는 경찰공무원이면서 명강사이다.

이 책은 무엇이 공정이고 불공정인지, 어떻게 청렴한 삶을 살아야 하는지, 수많은 옳고 그름의 갈림길에서 우물쭈물하는 사람들에게 해법을 제시하였다. 특히, 어려운 현대 사회를 슬기롭게 살아가고자 하는 사람, 장래가 촉망된 젊은이들에게 인생의 지침서가 될 것임이 틀림없다.

모든 것은 때가 있는 법이다. 누구에게나 한 번은 인생을 역전할 순간이 오고, 인생의 스승을 만날 기회가 온다고 한다.

여러분이 지금 이 책을 만나는 순간이 그 기회이다.

하루 5분을 투자할 수 있는 현대인에게 감히 일독을 강력하게 추천하는 바이다.

정의의 목적이 행복임을 알게 해주는 책

조창인 | 소설가 《가시고기》 저자

강의 현장에서 저자를 처음 만났습니다.

최고의 명강사로 익히 알려진 바, 청중을 압도하는 강의력을 따로 주목할 필요는 없었습니다. 오히려 강의에서 밝힌 정의에 대한 관점이 매우 인상 깊었습니다.

저자는 직업상 매 순간마다 정의의 문제와 치열하게 마주합니다. 어긋나고, 일그러지고, 외면 받는 정의를 바로 세우기 위해 분투합니다. 그러므로 이 책에 담긴 저자의 정의 역시 대단히 실제적입니다. 우리에게 너무 머나먼 정의가 아닙니다. 오늘 당장 고심하고 좇아야 할 가치를 제시하고 있습니다. 그렇다고 저자는 정의를 규범과 질서의 틀에 가두지는 않았습니다. 궁극적으로 행복에 초점을 맞추고 있습니다.

'행복해지기 위해선 정의로워야 한다.'

'불의한 공동체 안에선 누구도 행복할 수 없다.'

이 책을 관통하고 있는, 아름답고도 숭고한 주제입니다.

비대면 시대는 공동체보다 개인에게 집중하게 만듭니다. 우리의 내일은 지금보다 훨씬 편의와 불법, 이기주의에 노출되게 될 것입니다. 이 책을 통해, 독자는 그 위험의 심각성을 살펴보게 될 것입니다. 또한 행복에 이르는 정의를 만나게 될 것입니다.

Contents

제1부

소소하지만 위대한 정의

제2부

나를 바꾸는 소소한 정의

3부

사회를 바꾸는 소소한 정의

4부

소소한 정의가 주는 큰 행복

소소하지만 위대한 정의

교육 현장에서
정의의 미래는 안녕한가?

'왜 공부를 하니?'

중학생인 조카에게 물었다. 의미있는, 아니 적어도 고심이 담긴 답변을 기대했다.

하지만, "대기업에 취직하려고요. 그래야 성공하잖아요"라는 조카의 간단 명료한 답변.

순간 당황하였다. 정직하게 말하자면 어처구니가 없었고, 화도 났다. 긴 시간에 걸쳐 공부를 하는 목적이 단지 대기업에 들어가기 위해서다? 실제적이긴 하지만 그 안에 담긴 내용치고는 참으로 단순했다. 초등학교 아이들이 장래 희망을 묻는 질문에 건물주라고 답했다는 교육청 강의에서 만난 한 선생님의 말이 생각났다.

요즘 아이들은 '조물주 위에 건물주'라는 황당한 말까지 쓰고 있다. 물론 어른들의 입에서 나온 말이겠지만 말이다. 대기업 입사와 건물주가 과연 그 목적이 얼마나 다를지 의문이었다.

목적은 길을 가는 이유이다. 그 사람이 지닌 가치와 신념으로부터 출발한다. 교육이 지향하는 바 역시, 올바른 가치와 신념을 가르치는 것이다. 그 가르침으로 한 사람의 미래가 좌우된다. 가치와 신념으로 삶을 바라보는 인식이, 인생을 살아가는 태도가 정립되는 것이다.

그렇다면 우리는 왜 사는가? 라는 뻔한 질문을 해본다. 사람마다 다양한 접근과 해석이 가능하겠지만 종래는 행복이다. 행복을 추구하고, 기대하며 사는 것이다.

결국, 교육의 목표는 행복한 성장에 있다.

인간은 태어나면서부터 가정이라는 환경에서 최초의 사회를 경험한다. 부모 형제와의 관계 속에서 가치와 규범을 배운다. 이후 교육기관을 통해 경험을 확대해 나간다. 이 경험 안에는 지식의 습득, 기질의 발견과 확대, 가치관과 사회성 확립 등 복합적인 배움이 들어있다. 이는 행복을 경험하고 추구하는 일련의 과정이다.

그 경험은 재생산된다. 가 보지 못한 길에서 길을 찾기 어렵고, 해보지 못한 일을 능숙하게 처리할 수는 없다. 마치 들어본 경험이 없는 청각장애인이 어쩔 수 없이 언어 능력마저 익히지 못하는 것과 같다.

교육의 목적이 행복한 성장이라는 사실을 명심할 때, 피교육자에게 행복을 경험할 기회를 제공해야 한다. 오늘의 행복 경험이 미래의 행복으로 이어지기 때문이다.

그러기 때문에 학교는 고통을 체험하는 자리가 아닌, 즐거움과 행복을 맛보는 곳이어야 한다.

그렇다면 현재 우리 교육의 현주소는 이러한 목적을 잘 좇고 있는가?

애석하게도, 교육의 목적은 외면당하고 오로지 수단으로 전락한 실정이다.

입시 공화국이라는 말처럼, 입시와 까마득히 멀리 떨어져 있는 7세부터 입시 전쟁이 시작된다. 엄마들의 일정표는 인기 연예인보다 빽빽하게 잡혀 있고, 아이들은 학교를 마치면 이 학원, 저 학원으로 분주히 옮겨 다닌다.

점수별로 줄을 세우고 등급을 매겨 성공 가능성을 가름할 정도로, 성적의 결과에 초점을 맞추고 있다. 직장 좋고 연봉 많은 직업이 성공의 기준인 양 여기는 부모는 자녀의 입시가 인생 최대의 과제인 것처럼 자식 뒷바라지에 모든 것을 건다.

이처럼 우리나라 교육 풍토는 성공 지상주의에 매몰되어 있다.

주변에서 흔히들 말한다.

"성공해라, 공부해서 남 주냐? 공부 잘해야 성공하고, 돈 많이 벌어 잘 살아야지!"

그리고 농담 반 진담 반으로 말한다.

"집안에 검사, 판사, 변호사, 의사 중 한 명 정도는 있어야지."

어른들이 아이들의 미래를 규격화시켜 일방적으로 몰아가고 있다.

이에 발맞춰 학교는 물론 학원에까지 입시 위주의 교육이 주를 이루고 있다. 아이들은 무엇이 옳고 그른지에 대한 생각을 가질 틈도 없이 오직 결과만을 중시하는 주입식 교육으로 세뇌가 되고 있다.

사실 부모가 원하는 성공의 길은 녹록치가 않다. 좁고 험난하다. 막상 대학을 나와도 치열한 경쟁은 끝나지 않는다. 성공의 잣대로 여겨진 대기업 입사는 마치 하늘의 별 따기처럼 어렵고, 설사 입사를 해도 더 깊고 울창한 경쟁의 밀림이 기다리고 있기 때문이다.

행복한 성장과는 거리가 먼 교육 현장

긴 세월 동안 줄곧 목적으로 삼은 성공의 길은 극소수에게만 허락되는 게 현실이다. 그마저 어쩌다 얻어걸리는 결과를 두고 운 좋은 요행에 가깝다고들 말한다. 오죽하면 '할아버지의 경제력과 엄마의 정보력, 그리고 아빠의 배경이 있어야 성공한다'는 말이 나오겠는가. '개천에서 용 난다'는 말은 호랑이 담배 피던 시절 이야기가 되어 버렸다.

예전에는 성공의 목표 중 하나가 고생한 부모님께 효도하겠다는 생각이 깊었다. 가족이라는 공동체를 우선시 여겼기 때문이다. 나의 성공이 가족의 평안이라는 등식 안에서 공부하는 목적을 삼기도 했다. 이제는 그마저 퇴색해져 버렸다. 지극히 나 개인에게 초점이 맞춰져 있다. 돈 벌어 나만 편하고 재미있게 살겠다는 것이다. 이미 가족은 물론 사회 공동체에 대한 인식은 희미해졌다.

이러한 실정이다 보니 우리의 교육은 행복한 성장과는 거리가 멀 수밖에 없다. 행복의 의미와 가치는 무시되기 일쑤이다. 심지어 행복을 개인주의 안으로 축소, 혹은 왜곡시키고 있다.

"교육이 위기다."
"학교가 죽었다."
"집단은 없고 개인만 있다."

우리나라 교육 현실에 대해 자주 듣게 되는 경고의 목소리다. 목적이 온당치 못한 즐거움은 쾌락으로 빠져들기 마련이다. 즐거움이 행복으로 진전되려면 반드시 가치와 의미가 정당해야 한다.

강의 현장에서 입시생 자녀를 둔 학부모를 만났다. 아들은 의사를 장래 희망으로 삼는다고 했다. 그런 그에게 물었다.

"아이가 왜 의사가 되려고 할까요?"

"경제적으로 안정된 생활을 할 수 있잖아요. 그리고 의사라고 하면 사회에서 어느 정도 대접도 받으니까요."

결국 기대한 대답은 듣지 못했다. 안정된 생활과 사회적 대우만을 겨냥한, 의사 본연의 가치보다 부차적인 점에만 관심을 갖는 셈이었다.

장래의 희망은 목표와 목적으로 나눠 헤아려야 한다. 의사가 되는 것이 목표라면, 의사로서 아픈 이들의 상처를 돌보는 것이 목적이다.

목표만을 가르치는 세상은 삭막하고 위험하다. 목적의 본질과 가치를 올바르게 가르쳐야 아름다운 세상이 된다.

그러면 어떻게 목적의 본질에 합당한 시선을 갖게 되는가?

그리고 목적의 본질을 가늠할 수 있는 기준은 무엇인가?

왜 우리의 목적은 공동체의 안녕에 기여해야 하는가?

교육은 이러한 질문에 대한 해답을 궁리하도록 돕는 과정이다. 이러한 과정을 통해 꿈의 목표를 넘어 꿈의 목적까지 마음에 품을 수있다. 그래야 행복한 삶, 더불어 함께 사는 세상을 향해 나아갈 수있다.

행복은 정의의 토대에서 자란다

사람은 생태적으로 홀로 행복할 수 없다. 다시 말해 나만 행복할수 없다는 뜻이다. 불행한 누군가의 곁에서 행복감을 느낄 수 있겠는가. 사람을 통해 힘을 얻고, 공동체 안에서 삶의 가치를 얻으며, 행복에 도달할 수 있다.

그렇다. 공동체를 외면한 채 살아갈 수 없다. 공동체 안에 존재하기에 때로는 개인의 욕구를 제어하고 타인의 안녕을 도와야 한다. 이 기준이 바로 정의이다.

로빈슨 크루소처럼 무인도에서 독거 생활을 한다면, 구태여 정의가 필요치 않으리라. 내가 기준이고, 내 판단이 행동의 지침으로 충분하기 때문이다. 그러므로 정의란 공동체를 이루고 있기에 존재하는 가치이자 의미인 것이다.

정의는 공동체를 유지하고 이끌어가는 동력이다. 반대로 불의는 공동체를 무너뜨릴 위험 요인이다.

행복은 정의의 토대에서 자란다. 반면 불의는 결국 불행으로 빠져들게 한다. 우리가 정의에 민감해야 될 이유가 바로 여기에 있다.

과연 현재의 교육 현실은 정의의 가치와 의미를 제대로 심어주고 있는가?

유감스럽게도 긍정적인 대답을 내놓기도, 희망적인 예상을 하기도 어렵다. 정의에 민감하게 반응하기는커녕 후순위로 밀리거나 아예 외면 받고 있다. 성공 지상주의에 맞춰진 교육 풍토의 결과이다.

'나만 괜찮으면 돼.'

'나만 성공하면 충분해.'

성공의 가치를 폄하하자는 의도가 아니다. 성공은 분명 아름다운 결과이다. 단, 그 아름다운 결과를 나에게만 한정시켜선 곤란하다는 의미이다. 성공은 목표일 수는 있어도 목적 자체가 되어선 안 된다. 의사가 되는게 목표라면, 아픈 사람을 향해 의술을 펼치는 것이 목적이 되어야 하는 이치처럼 말이다.

정의는 공동체의 선을 향해 열려 있다.

지나친 개인주의는 정의를 훼손한다. 공동체에 대한 인식을 기반으로 판단 기준과 행동이 올바르다면, 그는 정의로운 사람이다. 비록 물질적, 사회적 성과를 이루지 못했을지언정 그는 행복한 사람이다.

이제 교육은 지극히 개인적인 성공에서 벗어나 공동체와 함께하는 방향으로 나아가야 한다. 그래야 개인의 행복과 더불어 질서와 평화가 지켜지는 정의로운 사회가 된다.

"문제는 고도(Altitude)가 아니라, 태도(Atitude)다."

영국의 산악인 엘버트 머메리의 말이다.

산행의 본질은 죽기 살기로 정상을 오르는 데 있는 것이 아니라, 등반 과정에서의 수많은 고난과 싸우고 그것을 극복하는 자세에 있다는 의미이다.

고도가 목표라면, 태도는 목적이다. 고도가 성공이라면, 태도는 나와 공동체의 행복을 위해 정의를 돌아보는 자세이다.

우리는 지나치게 고도에만 집착하지 않았을까? 그리하여 과정의 정당함, 즉 정의로운 공동체의 가치를 잊고 있는 건 아닌가?

교육 현장은 물론 우리 자신에게 엄중하게 던져야 할 물음이다.

트리아주,
누구의 목숨부터 구할 것인가?

트리아주(Triage)!

프랑스어로 '고르다'라는 트리에의 명사형이다. 커피 원두 중에서 결점이 있는 것을 골라낸다는 의미였다.

나폴레옹 시대, 계속되는 전쟁으로 수많은 사상자가 발생했다. 그러나 부상 환자들에 비해 병동이나 구급약은 턱없이 부족했다. 전장의 군의관은 깊은 고민에 빠졌다.

계급이 높은 사람이나 공적이 많은 사람을 우선적으로 치료할 것인가? 아니면 부상 정도가 심한 병사를 먼저 치료할 것인가?

트리아주, 과연 누구를 먼저 구할 것인가. 우선순위를 두고 딜레마에 빠지면서 트리아주는 의학계에서 주로 사용하는 용어가 되었다.

사례1)

코로나19로 전 세계가 죽음의 공포에 떨고 있을 때, 인류는 트리아주라는 선택의 기로에 서야 했다.

전염 초기 세계 각국은 질병에 대처할 시스템을 갖추지 못했다. 의료진, 병동, 예방 수단인 마스크를 비롯해 진단 키트에 이르기까지 어느 하나 제대로 준비된 것 없이 부족 현상을 겪었다. 이러한 상황 속에서 생사의 기로에 선 환자를 치료하기 위한 우선순위는 갈등과 혼란을 불러왔다.

스웨덴은 환자 중에서도 고령자부터 의료 서비스를 제공해야 한다고 결정했다. 하지만 젊은 사람들의 거친 분노를 샀다.

반면, 이탈리아에서는 완치 가능성에 무게를 두자는 쪽이었다. 앞으로 살아갈 날이 많은 젊은이에게 우선권이 있다고 여겼다. 쉽게 말해 생존 가망이 없는 사람은 포기하고 여기에 쏟을 의료 지원으로 경증환자 다수를 치료하자는 것이었다. 이번에는 고령자의 거센 반발을 받았다.

사례2)

필자가 현장에서 근무할 당시 겪은 일이다.

어느 날 사람이 물에 빠졌다는 신고를 접수 받았다. 방파제에서 낚시하던 사람 한 명이 물에 빠져 허우적거리고 있다는 내용이었다.

구조대원은 구조 튜브를 들고 현장으로 달려갔다. 그러나 현장에

도착한 순간 신고 받은 내용과 현장 상황이 다름을 확인했고 깊은 고민에 빠졌다. 물에 빠진 사람은 아버지와 아들 두 명이었고, 구조 튜브는 한 개였던 것이다.

힘이 점점 빠져가는 아버지는 "아이"라고 연신 소리치며 손으로 아들을 가리켰다. 하지만 불과 2미터 거리에서 허우적거리던 아들은 "아빠 먼저 구해주세요"라며 구조 튜브를 아버지에게 양보하겠다는 것이다.

인명 구조 매뉴얼에 의하면, 아이를 먼저 구하는 게 원칙이다. 하지만 현장에서 맞닥뜨린 상황은 매뉴얼을 판단의 지침으로 삼기에는 혼란을 겪을 수밖에 없었다. 누굴 먼저 구해야 하나?

결국 튜브는 아버지에게 전달하였고, 아이는 경찰관이 물에 뛰어들어 구조하였다.

상황을 달리해 익사 직전인 아버지를 뒤로 하고 매뉴얼대로 아이를 먼저 구하였다고 가정해 보자. 우선순위에 의해 아버지가 사망하였다면, 거기에 대해서 흔쾌히 동의할 수 있었을까?

사례3)

미국의 특수부대 '네이비 씰(Navy Seal)' 대원 4명은 아프카니스탄에 투입되었다. 임무는 탈레반 부사령관을 체포하는 것이었다. 하지만 잠복 중에 산으로 염소를 몰고 올라온 민간인에게 그만 발각이 되었다. 대원들은 깊은 고뇌에 빠졌다.

민간인을 죽일 것인가? 아니면 살려 보낼 것인가?

민간인을 죽이자니 교전 수칙을 어기게 되는 것이고, 만약 살려 보내면 탈레반에게 잠복 사실이 알려져 공격을 당하게 될 것이었다. 대원들 간에 심한 의견 충돌이 일어났지만, 선택은 후자였다. 결국 안타깝게도 텔레반의 집중 공격을 받게 되었다. 4명의 대원들 가운데 1명만이 구사일생으로 구조가 되었다.

2005년에 있었던 실화를 바탕으로 제작한 영화 〈론 서바이버〉의 내용이다.

위의 사례들은 우선순위에 따른 선택의 문제를 다루고 있다.

누구를 먼저 살리고, 누구를 포기할 것인가?

공익이냐, 사익이냐?

윤리인가, 목적의 달성인가?

적법인가, 불법인가?

정의를 따라 단 한 명의 목숨을 구할 것인가, 아니면 불의일지라도 열 명을 살리는 길을 택할 것인가?

우리는 상황에 따라 해석을 다르게 한다. 당사자일 때와 구경꾼일 때의 해석이 다르다. 제3자의 입장이라면 좀 더 이성적이고 분별력 있게 행동한다. 분석적이다 못해 더러는 비난까지 한다. 하지만 막상 자신이 그 상황에 처하면 평상시 논리적인 분별력은 온데 간데 없이 사라지고 공황상태의 혼란에 빠진다. 때로는 선택과 결정 사이에서 '왜 하필 나에게 시련을 주나'하는 생각도 든다. 하지만 어차피 선택은 개인의 몫이다.

선택의 정당성은 상황과 조건, 결과까지 헤아려 판단할 수밖에 없다. 그럼에도 좋은 선택, 나쁜 선택을 함부로 평가하긴 만만치 않다.

세 번째 사례의 경우 민간인을 공격해서는 안 된다는 교전수칙을 지킨 결과 아군은 거의 전멸하였다. 만약 작전을 성공적으로 수행하기 위해 민간인을 살해하였다면 생명 존중에 대한 죄책감이 남을 것이다.

첫 번째 사례의 경우는 어떤가. 스웨덴과 이탈리아, 두 국가 중 어느 쪽의 선택에 손을 들어줘야 할까. 감염자의 치료를 연령에 따라 차별하는 것은 정당한가. 혹은 생존 가능성에 더 초점을 맞춰야 하는가.

두 번째 사례에서처럼 구조 시간에 다소 여유가 있음에도 불구하고 매뉴얼에 따라 아들을 우선적으로 구할 것인가. 아니면 곧 익사 직전인 아버지를 구할 것인가.

우리는 일상 속에서 늘 이런 딜레마에 빠진다. 단순히 옳고 그름으로 명확하게 가를 수 없는 경우와 맞닥뜨리게 된다. 결국 선택의 기로에 빠진다.

어떤 선택이 정의와 연결되어 있을까

상반된 두 상황에서 각각 의무와 책임의 범위를 어디까지 해석하여야 할까?

정의로운 선택과 최악의 결과, 불의한 선택과 최선의 결과. 이 둘의 경계에서 우리의 판단과 결정은 무엇인가? 또한 판단과 결정을 법은 어떻게 심판할 것인가?

트리아주는 결국 도적적 딜레마인 셈이다.

의무와 권리와 책임은 상황에 따라 달라질 수 있다. 사회 보편적인 가치를 우선할 것인지, 법과 질서에 둘 것인지, 혹은 양심을 따를 것인지를 딱 부러지게 판단할 수는 없다. 그럼에도 상반된 가치 충돌 속에서 결국은 어느 한쪽을 선택해야만 한다.

2005년 미국 뉴올리언스에 허리케인 카트리나가 몰아쳤고 도시는 한순간에 초토화가 되었다. 메모리얼 병원 역시 크나큰 피해를 입었다. 도시의 전력은 끊겼고 구조의 손길도 제대로 미치지 못했다.

수일이 지나 복구가 되었다. 하지만 무슨 일인지 메모리얼 병원의 의사와 간호사는 2급 살인 혐의를 받게 되었다. 재난 속에서 건강한 환자를 먼저 구조하고, 혼자서는 병원을 빠져 나갈 수도 없고, 빠져 나간다 해도 살 가망이 없는 죽음의 위기에 처한 중증환자를 안락사시켰다는 혐의였다.

자연재해로 고통을 받다 죽음을 맞이하는 것보다 낫다고 판단한 의료진의 선택이었다. 그 선택은 합법적인 결정은 아니었다. 윤리적 관점에서는 전혀 비난받을 일이 아니었고, 지역의 여론 역시 대부분 의료진을 지지했다. 법원은 딜레마에 빠졌지만 법률적 판단보다 윤리적 관점을 택해 의료진을 기소하지 않았다.

트리아주는 정의의 저울에서 판단해야 한다. 그래야만 정의가 단순히 제도적 장치에 머무르지 않게 되는 것이다.

정의는 존재의 문제로 접근해야 한다. 가치의 차원에서 해석하면 필연적으로 딜레마와 마주하게 된다.

코로나19 상황에서 의료진의 임무는 환자의 목숨을 구하는 것이다. 존재의 문제로 접근한다면, 환자의 질병 자체이다. 질병의 중증과 경증으로 구분할 수 있으며, 우선순위 역시 명확해진다. 환자의 연령은 가치의 차원인 셈이다.

그러므로 도덕적 딜레마에 빠질 가능성을 낮추기 위해서는, 최소한 올바른 가치관과 보편적인 사회적 기준을 염두에 두고 존재와 가치를 구분하는 행동을 해야 한다.

물론 완벽하진 않다. 가치관이라는 것은 어디까지나 내 눈으로 바라보는 내 기준이기 때문이다. 언제나 공정하다고 할 수도 없다. 더러는 오만이나 아집, 독선이 될 수도 있다. 그래서 이를 바로 잡기 위해 사회적 기준, 즉 정의의 저울이 필요한 것이다.

내가 산을 바라보는 것이 아니라 산이 나를 바라 보듯이 말이다. 그래야 객관적 정의에 접근할 수 있고, 도덕적 딜레마에 빠지더라도 현명하게 대처할 수 있다.

사실, 정의는 트리아주처럼 어려운 주제이다.

정의는 완성품이 아니다. 어느 순간 저절로 뚝 떨어지지 않기 때문이다.

내 선택은 정말 정의로운가?

지속적으로 질문을 던지며 노력할 수밖에 없다. 의문에 의문을 던지다 보면 내 생각과 판단, 나아가 선택까지 정의에 가까워진다. 한 개인을 넘어 우리 사회의 정의도 그러한 단계를 통해 현재에 이르렀기 때문이다.

수술방에 들어온 이상
나한텐 그냥 환자야!

국방부장관이 사고를 당하여 긴급하게 병원으로 후송이 되었다.

촌각을 다투는 상황. '장관이니까 최대한 안전한 방법을 택하자'라고 건의를 한다. 하지만 담당의사는 단호하게 말한다.

"그 사람이 누구든, 어떤 일을 하고 어떤 위치의 사람이든 수술방에 들어온 이상 나한텐 그냥 환자일 뿐이야. 그냥 딱 하나만 머리에 꽂고 간다. 살린다! 무슨 일이 있어도 살린다!"

드라마 〈낭만닥터 김 사부〉의 괴짜 천재 의사 김 사부의 대사이다. 같은 드라마의 또 다른 장면으로, 김 사부는 수술 도중 울렁증으로 수술실을 뛰쳐나간 젊은 의사를 두고 이렇게 호통을 친다.

"어떤 변명도 이유도 갖다 붙이지 마. 수술방에서는 의사의 개인 사정 같은 건 있을 수 없어. 환자 두고 도망치는 놈은 이미 그걸로 자격 상실이야!"

두 장면에 대한 시청자의 반응은 뜨거웠다. 김 사부의 태도에 환호했고, 대사에 통쾌해 했다. 의사로서의 사명과 책임이 절절히 느껴진 까닭이었으리라.

자신의 일에 최선을 다하는 모습은 아름답고, 때로는 숭고하기까지 하다. 단지 일을 처리하는 능력 때문이 아니다. 일을 대하는 마음가짐과 태도에서 비롯된다. 그 바탕에는 책임감이 있기 때문이다.

일이라는 것은 잘될 수도 못될 수도 있다. 설사 원치 않은 결과를 빚었을지라도 그에 대해 책임을 지는 자세를 보인다면, 적어도 심정적으로는 비난하지 않는다. 그러나 반대의 경우, 무책임의 자세에 대해서는 분개한다.

정치인이나 연예인, 기업 총수가 범죄를 저질러 검찰에 기소되었다는 뉴스와 기사를 자주 접하게 된다. 그러나 이제는 그닥 놀라지도 않는다. 워낙 크고 작은 범죄가 잦다 보니, 범죄 자체에 대해 둔감해진 탓일 수도 있다. 그리고 범죄 행위자들의 태도와 비슷비슷한 변명에 진력이 나기도 했을 터.

'공직선거법 위반인지 몰라서 금품을 제공받았다.'

'아들이 산하 기관에 채용되었는데 특혜인지 몰랐다.'

'업무상 횡령인지도 특가법 위반인지도 몰랐다.'

'폭행했지만 다칠 줄은 몰랐다.'

'뺑소니가 아니라 사람을 쳤는지 몰라서 운전을 계속했다.'

'행실이 나쁜 아이를 때리긴 했지만 학대인 줄 몰랐다.'

'죄가 된다고 생각하지 못해 마약을 하였다.'

상식적인 범죄 행위임에도 몰랐다는 이유로 발뺌하기에 급급하다. 그마저 여의치 않을 때는 의례적인 절차인 양 말한다.

"물의를 일으켜 죄송합니다. 죄 값을 달게 받겠습니다."

그리고는 뒤로 경제력과 인맥을 동원해 '황제 변호인단'을 꾸려 재판을 준비한다. 법정에서는 '기억이 안 난다'는 식의 변명과 모르쇠로 일관하기 일쑤다. 법꾸라지(미꾸라지처럼 법망을 빠져나가는 사람)의 뻔뻔함까지 보여준다. 코미디도 이런 코미디가 있을까 싶다. 범법 행위에 책임을 지는 자세는 좀처럼 찾아보기 힘들다. 이런 모습은 기득권층에서 더욱 두드러져 공분을 불러 일으킨다.

'모 국회의원이 자녀의 취업을 청탁하는 대가로 해당 기업을 국정 조사 대상에서 제외시켰다'는 내막이 알려지면서 경찰 조사가 시작되었다. 그는 국회의원의 면책 특권 뒤에 숨어 정치적 탄압을 주장하였다. 증거들이 속속 드러났음에도 국민 앞에서 눈물까지 흘리며 결백을 주장하였다. 결국 지위를 이용해 사익을 취한 사실이 판명되면서 2심에서 유죄를 선고 받았다.

범죄 사실은 본인이 가장 잘 알기 마련인데, 그는 국민 앞에서 천연덕스럽게 '악어의 눈물'을 보이며 연기를 했던 셈이다. 법의 심판을 받는 순간까지도 구차한 태도를 보였다. 혐의가 시작된 이래 단한 차례도 책임을 말한 적이 없었다.

비단 공인들 뿐이겠는가. 우리는 자신의 행위에 대해 책임지려는 적극적이고 양심적인 자세를 보였던가?

책임 회피는 사회 전반적으로 만연된 현상 중 하나이다.

한때 유행처럼 떠돌던 말이 있었다.

'내 탓이오.'

고 김수환 추기경이 자신의 승용차에 이 문구를 붙이며 시작되었다고 알려져 있다. Mea Culpa(메아 쿨파)는 라틴어로서 '나의 죄, 내 탓이오'라고 한다. 타인의 티끌이 아닌 내 눈 안에 든 티끌부터 보겠다는 종교적 메시지이다. 다분히 자기 성찰의 의미를 지닌다.

한편 개운치 않은 면이 있다. 만일 내 탓이라는 점에만 그친다면, 자칫 지나친 관용이나 자기 위로로 흘러갈 위험이 있기 때문이다. 그러므로 '내 탓이오'의 사회적 의미를 주목할 필요가 있다. 타인의 범죄마저 내 탓으로 돌리려는 관대함과 용서는 온당치 않다. 범죄 사실에 대해선 철저히 책임을 물어야 한다.

책임은 개인에게는 양심, 공동체에서는 정의의 문제다

책임이 개인의 영역에서는 양심과 연결된다. 그러나 공동체 안에서 책임은 정의의 문제가 된다. 이른바 사회적 책임이다.

책임이 양심의 범주에 있을 때는 오히려 간단명료하다. 왜냐하면 본인이 주체가 되어 쉽게 해결 할 수 있기 때문이다. 그러나 책임의 대부분은 공동체 안에서 발생하고 확대된다. 따라서 책임은 정의의 문제에서 자유로울 수 없다. 아니, 양심을 넘어 정의의 틀에서 바라

보고 판단해야 한다.

예컨대, 코로나19는 내 탓이 아니다. 그럼에도 우리에게는 코로나19의 위협에서 벗어나도록 노력해야 할 책임이 있다. 그 노력은 양심을 넘어 정의의 문제가 되는 것이다.

사회적 책임은 사회가 정한 합당한 기준, 그러니까 법이나 윤리, 규칙 등을 약속해 놓고 그에 따르는 것이다. 나와 사회 구성체 사이의 묵시적 약속이기도 하다. 책임을 진다는 것은, 자신의 행위의 결과를 자신의 몫으로 받아들인다는 의미이다.

'~답게'가 정상적으로 작동될 때, 사회적 책임은 완성된다

고대 중국 제(齊)나라 경공이 공자를 궁궐로 불러 물었다.

"어떻게 하면 정치를 잘할 수 있습니까?"

공자의 대답은 이러했다.

"군군 신신 부부 자자(君君, 臣臣, 父父, 子子)."

즉 임금은 임금답게 백성을 위한 정치를 하여야 하고, 신하는 신하답게 충심으로 일을 하여야 하고, 아버지는 아버지답게 가정과 자식을 위해 노력하여야 하고, 자식은 자식답게 부모를 공경하여야 한다는 말이다.

공자의 대답대로 '~답게'에는 그 위치와 자격에 부여된 책임이 따른다는 의미를 갖는다. 그 책임을 지켜나가는 것이 세상의 올바른 행보, 곧 정의인 셈이다. 반대로 불의는 '~답게'의 질서에서 벗어나면서 벌어진다.

정치인은 정치인답게, 권력을 이용해 본인이나 가족에게 특혜를 주지 않아야 한다.

기업인은 기업인답게, 정직한 경제 질서를 준수해야 한다.

교사는 교사답게, 학생들을 편애하지 않고 가르쳐야 한다.

검찰이나 경찰은 법 집행 기관답게, 공정하게 업무를 처리해야 한다.

직장인은 직장인답게, 주어진 일을 성실히 수행해야 한다.

의사는 의사답게, 군인은 군인답게, 기자는 기자답게…….

'~답게'가 정상적으로 작동될 때, 사회적 책임은 완성된다.

사회의 지도층 인사일수록 책임은 중요하다. 책임이 없으면 권위도 사라지기 마련이다. 예를 들어 한 나라의 대통령이 범죄 행위로 탄핵이 된다면, 그의 자리만 없어지는 것이 아니다. 대통령의 권위까지 추락하게 되는 것이다.

책임과 권위의 상관성에 대해 독일의 사회과학자 막스 베버는 이렇게 말했다.

'책임과 권위는 동전의 양면과 같다. 권위가 없는 책임이란 있을 수 없으며 책임이 따르지 않는 권위도 있을 수 없다.'

무책임은 권위의 상실로 이어진다. 권위 상실은 대중의 믿음 역시 그렇게 되었다는 것을 의미한다.

일관성 없는 판결을 하는 사법부, 공정성을 잃은 기사를 쓰는 기자, 탈법을 일삼는 재벌의 총수……. 이러한 무책임이 보편화 되는 세상은 끔찍하다. 어떻게 정의를 기대할 수 있겠는가.

책임은 나와의 약속이자, 사회와의 약속이다. 책임 없이는 그 어떤 정의도 바로 설 수 없다.

책임을 지지 않는 사회가 내일이 없는 이유이기도 하다. 이에 대해 덴마크 철학자 키에르케고르는 심각하게, 한편 다소 과격하게 지적하고 있다.

'인간의 교활이 다양할지라도 추구하는 방향은 하나다. 책임지지 않으려는 마음과 태도이다.'

〈낭만 닥터〉에서 병원으로 긴급하게 후송된 국방부장관의 수술을 두고 주위에서는 협박에 가까운 압력을 가한다. 장관부터 수술해야 된다는 거였다. 하지만 드라마의 주인공 김 사부는 이를 거부한다.

'나에게 모든 환자는 동일하다. 신분, 출신, 경제적 능력 따위는 내가 상관할 바가 아니다. 의사는 오로지 환자의 고통을 덜어줄 책임이 있다. 그 책임을 가로막는 세력과는 단호히 맞서야 할 사회적 책임도 있다.'

김 사부는 우리에게 그 책임의 엄중함을 보여줬다. 정의로운 세상의 한 단면을 맛보았다. 그래서 불의와 무책임한 풍토에 진력이 난 시청자들은 환호했던 것이다.

'내 탓이오'는 아름답다. 하지만 부족하다. '우리 탓이오'가 되어야 한다. 공동체 안에서 공동체 전체의 책임 운동이 이뤄져야 한다.

그럴 때 비로소 사회적 정의가 이뤄진 책임지는 세상이 된다.

이 정도 쯤이야, 그럴 수도 있지

'인내는 쓰나 열매는 달다.'

나태함에 빠지거나 포기하고 싶을 때, 흔히 사용하는 경구이다. 또한 좌우명이나 가훈으로 많이 쓰고 있는 명언이다. 이 훌륭한 문장을 남긴 사람은 다름 아닌, 프랑스의 철학자이자 교육학자였던 장 자크 루소이다. 정직한 노력에 대한 희망의 메시지를 남긴 루소. 그러나 그는 죄책감에 사로잡혀 죽을 때까지 벗어나지 못했다는 고백을 했다.

루소의 집안은 무척 가난했다. 어려서부터 이런저런 일을 하지 않으면 살아가기가 어려웠다. 그러던 중 한 백작의 집에서 일을 하게 되었다. 어느 날 루소는 아무도 없는 틈을 이용하여 주인의 목걸이를 훔쳤다. 순간적인 감정에 휩싸여 저지른 일이었다.

며칠 뒤 주인은 목걸이를 잃어버린 것을 알게 되었다. 루소와 함께 하인으로 일하던 여자아이를 추궁하였다. 하지만 루소는 "내가 목걸이를 훔친 게 아니라 여자아이가 훔쳐서 나에게 준 것이다"라며 뻔뻔한 거짓말을 늘어놓았다.

무슨 영문인지 알지 못한 여자아이는 눈물만 흘렸고, 결국 누명을 쓰고 쫓겨났다. 이후 루소는 평생 죄책감에 시달렸다. 루소의 말년 작품인 《고독한 산책자의 몽상》의 한 구절이 이러한 루소의 심정을 잘 대변하고 있다.

'자신의 이익을 위한 거짓말은 사기이고, 타인의 이익을 위해 거짓말을 하는 것은 기만이다. 해를 끼치기 위한 거짓말은 중상인데, 이것이야말로 거짓말 중에서도 가장 나쁜 거짓말이다.'

필자에게도 잊혀지지 않는 아픈 기억이 있다.

초등학교 시절, 최고로 인기 있는 군것질거리는 '뽀빠이'와 '쫀득이'였다. 딱히 용돈이라는 개념이 없는 시절이었기에 먹고 싶다고 냉큼 사 먹을 형편이 아니었다. 부모님께 투정을 부려 돈을 요구할 수도 없었다. 간혹 친척들이 방문하여 슬쩍 쥐어주는 푼돈 정도가 유일한 용돈이었다.

어느 여름날이었다. 친구들이 마을 어귀에서 과자를 먹으며 놀고 있었다. 너무 먹고 싶었지만, 어린 마음에도 자존심은 있었던지 차마 달라고 하지 못했다. 집으로 돌아가 부모님을 찾았다. 과자 살 돈을 달라고 조를 참이었는데, 들에 나가셨는지 보이지 않았다. 집안 여기저기를 기웃거리던 나의 시선이 순간 멈추었다. 그릇 안에 들어 있는 동전이 보였다. 어머니는 잔돈을 꼭 선반 위 그릇에 두셨던 것이다.

어떻게 해야 하나? 몇 백 원만 가져가? 엄마가 아시면 어쩌지?

등짝에서는 땀이 비 오듯 쏟아지고, 가슴은 심하게 뛰고 있었다. 오래지 않아 내 발걸음은 가게를 향했고, 손에는 '뽀빠이' 두 봉지가 들려 있었다. 나도 모르게 유혹에 무너졌던 것이다.

혹시 어머니가 아셨을까? 아니면 내 기대대로 모른 채 지났을까? 그 이후로 오랫동안, 이미 40여 년이 지난 요즘에도 마음이 흔들릴 때면 어김없이 '뽀빠이' 두 봉지가 떠올랐다. 어머니를 속인 자체보다 스스로 유혹에 무너졌다는 자괴감이 더 큰 아픔으로 자리 잡은 때문이리라.

인간에게는 양심의 잣대가 있다

인간은 양심의 잣대에 따라 생각의 방향을 정하고, 행동을 결정한다. 거짓말을 할 때, 설사 그것이 발각되지 않아도 우리는 양심의 잣대로 심판을 받는다. 그러나 종종 양심의 잣대는 외부의 조건에 의해 변하고 상황에 따라 요동을 친다. 평소에는 질서와 법을 잘 지키던 사람도 지켜보는 눈이 없을 때는, 어긋난 행위를 하기 쉽다. 자신도 모르는 사이 무심결에, 혹은 계산된 의도로 양심의 잣대를 무너뜨린다.

'내가 이 정도였나?'

내부의 추악한 일면을 보면서 의지가 약하다고 자책하거나 후회

한다면, 그나마 다행이다. 자신의 문제를 알았으니 반복할 위험은 그만큼 적다.

하지만 '이 정도쯤이야, 그럴 수도 있지'라는 생각으로, 둔감하게 받아들이거나 스스로의 행위에 관대하다면, 점차 양심의 잣대는 덧없어지고 만다. 같은 행동을 반복해 결국 더 큰 오류에 빠져들게 된다.

영국 뉴캐슬 대학 심리학부에서 흥미로운 실험을 했다. 상황에 따라 사람들의 양심이 어떻게 달라지는지를 10주간에 걸쳐 관찰하였다.

구내식당에 우유와 커피 등 음료를 제공하는 무인 자판기를 설치하였다. 자판기 앞면에 꽃 이미지를 붙여 놓았고, '가격에 맞게 정직의 상자(Honesty box)에 넣어 주세요'라고 팻말을 붙여 놓았다.

5주 후 자판기 앞면의 장식을 바꿨다. 꽃 이미지 대신 정면으로 쳐다보는 눈 이미지를 붙여 놓았다. 과연 어떤 결과가 나왔을까? 놀랍게도 매출이 달랐다. 사람의 눈 이미지를 붙였을 때가 꽃 이미지보다 무려 3배나 높은 매출을 기록했다.

꽃이든 눈이든 단순한 이미지에 불과하다. 그럼에도 사람의 눈 이미지를 보고 무의식적으로 반응을 한 것이다.

사람들은 누군가 지켜본다고 느낄 때 착한 행동을 한다. 즉 양심의 잣대는 내부의 울림보다 외부의 눈초리에 의해 좌우된다는 의미이다.

서울에서 강의를 마치고 이동하는 중 낯선 번호로 전화가 왔다. 주차장에서 필자의 차 앞 범퍼를 긁었다고 했다. 주차 과정에서 벌어진 미숙함 때문이었단다.

문득 '자진 신고'한 이유가 궁금했다. 양심의 잣대가 발동한 것일까? 하지만 이미 380킬로미터나 떨어진 상태였고, 시간도 제법 지난 뒤였다. 양심의 거리낌이었다면 진작 연락을 취해야 마땅했다.

그렇다면 차에 부착된 블랙박스 때문은 아니었을까? 또는 주차장 곳곳에 자리한 감시용 카메라가 마음에 걸렸을까? 씁쓸했다. 감시의 눈이 아니라면 우리의 행위는 절제될 수 없는 것일까.

감시의 눈이 아닌 양심의 눈이 보고 있다

어느덧 우리 주변에는 숱하게 많은 눈들이 있다.

고속도로의 차량 인식 시스템은 물론, 도로와 아파트, 놀이터 등지에 각종 CCTV와 블랙박스가 설치되어 있다. 심지어 집 안에까지 보안 카메라가 작동한다. 우리 생활 깊숙이 들어온 기계적 장치가 편의를 앞세워 인간을 감시의 대상으로 전락시키는 듯한 느낌마저 든다.

우리나라는 치안이 안전한 국가로 꼽힌다. 실제로 심야에 거리를 마음 놓고 걸어 다닐 수 있는 나라는 흔치 않다. 선진국이라고 해도 도시 곳곳에 우범지역이 있어 한낮에도 접근 자체가 위험한 나라들이 많기 때문이다.

그렇다면 치안이 안전하다는 것은 시민이 높은 도덕성을 가지고 있다는 의미인가? 아쉽게도 CCTV나 블랙박스가 치안을 높이는 데 한몫을 하고 있다는 견해가 지배적이다. 특히나 CCTV는 범죄 예방에 확실한 효과가 있다. 폐쇄회로에 찍힌 영상은 사건 해결의 단서가 되며, 법정에서는 분명한 증거로 인정을 받기 때문이다. CCTV는 비가 오나 눈이 오나 24시간 성실하게 촬영이 되어 치안의 안전성을 확보하므로, 인간보다 많은 역할을 하고 있는 셈이다.

하지만 이런 CCTV 등 물리적 감시에는 함정이 도사리고 있다.

첫째, 사생활 노출의 문제이다.

누군가 나를 지켜본다는 사실이 유쾌할 리 없다. 특히 불법과 무관한 일상적인 활동마저 촬영되고 기록된다면 더더욱 그렇다. 공익을 위해 감수해야 할 문제이긴 하지만 사생활 침해의 위험성은 분명 고려되어야 한다.

둘째, 양심을 왜곡시킨다.

우리의 행위를 지나치게 일차원적으로 판단하려 든다. 상황과 조건을 헤아리지 않은 채 오직 결과만 놓고 적법과 위법을 정하기 때문이다. 양심은 중요한 판단 기준에서 밀려나게 되는 것이다.

예컨대 도로에서 규정 속도를 위반하였다고 가정해 보자. CCTV에 찍혔으리라 생각하며 과태료 고지서가 나오길 기다린다. 그러나 다행스럽게도 CCTV가 작동치 않아 단속에 걸리지 않았다. 이럴 때 재수가 좋아 카메라에 걸리지 않았다고 의기양양하게 된다.

우리의 행위가 재수로 판정된 셈이다. 기계에 찍히지 않았으니 위법이 아니라고 여긴다. '기계의 눈'에 걸리지만 않으면 공정하고 적법한 양 자신의 행동을 정당화시키는 것이다. 결국, 양심을 걷어찬 채 자신에게 면죄부를 주는 꼴이 되어버린다.

위법 행위는 소위 '운빨'이 아니다. 양심과 관련된 문제이다.

양심은 '감시의 눈'에 의해 제한되거나 결정될 수 없다. 그럼에도 점차 자신의 양심을 묻어두고 '감시의 눈'으로만 판단하려 든다. 뉴캐슬 대학의 실험과 CCTV의 경우처럼 '감시의 눈'이라는 조건에 따라 적법과 위법을 나누려고 하는 것이다.

타인의 시선으로부터 위법 행위를 속이거나 감추기는 차라리 수월하다. CCTV처럼 작동치 않는 요행을 기대할 수도 있다. 그러나 내 안의 양심의 눈을 속일 수는 없다. 타인의 눈보다 더 엄격한 것이 바로 내 안의 눈이다. 40년 동안 죄책감에 시달린 루소, 그리고 어머니의 돈으로 과자를 사 먹은 필자의 경우처럼 말이다.

재수가 좋아 용케 '감시의 눈'을 피할 수는 있다. 그러나 '양심의 눈'은 평생 낚시바늘처럼 스스로를 괴롭힌다.

더는 눈치 보고 살지 말자.

특히 '감시의 눈'에 의해 우리의 삶을 왜곡시키지 말자.

대신 내 안의 '양심의 눈'을 열심히 살피자.

변하지 않는 정의란 없다

'뒤늦은 정의는 실현되지 못한 정의이다.'

영국의 총리를 지냈던 윌리엄 글래드스톤의 말이다.

그는 하원의원 시절, 중국과의 전쟁을 앞두고 있었다. 1840년 아편전쟁으로 알려져 있다. 당시 정의에 어긋난 전쟁을 반대한 연설은 지금까지 회자될 정도로 유명하다.

"저는 아편도 경제도 잘 모릅니다. 그 나라 법을 따르지 않는 외국인을 어떻게 다루는 것이 정답인지도 모릅니다. 그러나 역사가 '이 것만큼 부정한 전쟁, 영국을 불명예로 빠뜨린 전쟁은 없었다'라고 기록할 것은 알겠습니다."

글래드스톤의 반대에도 영국은 전쟁을 감행했다. 당시에는 정의의 구현이라고 믿었고, 승리를 했음에도 역사는 불의한 전쟁으로 기록했다.

'그때는 옳았고 지금은 틀렸다!'

'그때는 정의였고 지금은 오히려 불의다!'

아편전쟁과 같은 사례는 흔히 찾을 수 있다. 그렇다면 다음의 의문과 마주하게 된다.

정의는 불변의 진리가 아니란 말인가?

시대와 상황과 조건에 따라 변하는 걸 과연 정의라고 말할 수 있는가?

정의는 인간의 권리를 보호하고 공동체의 선을 향해 있는 것이다. 곧 사고의 기준이자 행동의 지침이 된다. 기준과 지침은 시대의 흐름에 맞게 변해야 하며, 나아가 그 흐름의 방향을 조절해야 한다. 따라서 정의가 불변의 진리라고 생각한다면 흐름을 억지로 가두는 꼴이 된다.

역사를 돌아보면 정의는 늘 변화의 흐름 속에 있었다.

봉건시대에는 왕을 비난하면 극형에 처해졌다. 공권력에 대한 도전이었으며 반란과 유사한 행위로 보았다. 지금은 어떤가. 대놓고 대통령을 비난해도, 조롱과 욕설을 퍼부어도 심각한 처벌을 받지 않는다. 또한 대통령일지라도 개인의 자격으로 명예훼손의 범주에 들어간다.

예컨대 아들이 아버지를 폭행하였다고 가정해 보자. 이는 용서할 수 없는 반인륜적인 행위이다. 세계 최초의 성문법전인 함무라비 법전에 의하면, 아들의 손을 잘라야 한다고 기록되어 있다.

옛날에는 인간을 재산이나 가축 정도로 여기는 노예제도가 있었다. 그리스 철학자 아리스토텔레스도 선천적 노예제도를 인정했고,

인간의 존엄성은 특정 계층만 갖는 권리로 여겼다. 아리스토텔레스가 유별나서가 아니라 시대의 정서가 그러했다.

우리나라에서는 18세 이상이면 누구나 투표권을 갖는다. 그러나 고대 그리스와 로마 시대에는 달랐다. 여성들은 투표에 참여하지 못했다. 제1차 세계대전의 영향으로 여성의 선거권이 본격적으로 인정되어 오늘날에 이르고 있는 것이다.

지금은 상상할 수도 없고 말도 안 되는 제도들이 당시에는 적절하고, 지극히 정상적이었다. 뿐만아니라 매우 정의로운 선택으로 받아들였다. 이처럼 사회제도와 인식이 변하면, 시대가 요구하는 정의역시 변하게 되어 있다.

정의는 고정화된 틀 안에 있지 않다

세상에는 변해야 할 것과 변하지 말아야 할 것이 있다. 정의는 인간이 지켜야 할 숭고한 가치임에는 틀림없다. 그러기에 변하지 말아야 한다고 주장한다면, 그건 정의의 탈을 쓰고 옛 제도나 풍습을 지키고자 고집을 부리는 꼴일 뿐이다.

프랑스에 가면 맛있는 요리가 있는데, 바로 삶은 개구리 요리이다.

"어떻게 개구리를 먹어요, 혐오스럽게."

개구리를 요리의 대상으로 여기지 않는 나라의 관점에서 이런 반감은 오히려 당연하다. 요리법을 살펴보면 그 반감은 더욱 커진다.

식당에서 개구리 요리를 주문한다. 테이블에 버너와 함께 냄비가

올려진다. 냄비에는 개구리가 좋아하는 온도로 맞춘 물에 살아 있는 개구리가 담겨져 있다. 개구리는 물의 온도를 느긋하게 즐기게 되고, 물의 온도를 서서히 올리는 것을 자각하지 못한다. 그리고 서서히 죽어간다. 만약 처음부터 높은 온도의 물에 개구리를 넣었다면 개구리는 냄비 속에서 튀어오르며 아우성을 쳤을 것이다.

물 온도의 변화를 눈치채지 못한 개구리의 최후는 죽음이다. 정의 역시 냄비 속의 개구리가 되어선 곤란하다. 변화에 민감하게 대응하고 변화 속에서 새로운 길을 열어가야 한다. 변화를 외면한 정의는 결국 존재 가치가 없어진다.

정의는 고정화된 틀 안에 있지 않다. 변화에 발맞추고 때로 변화의 방향을 제시해야 올바른 정의로서 자격을 갖출 수 있다.

사회가 정의롭지 못하다고, 많은 이들이 탄식한다. 시대의 흐름과 정의의 변화, 그 불균형에서 비롯된 까닭이다.

사회 정의를 가로막는 근본적인 문제는 인간의 권리에 대한 잘못된 이해 때문이다. 인간의 권리는 자유와 평등의 토대에서 이루어진다. 그러기에 최우선적으로 인간의 권리가 존중되어야 하는 것이다. 지역이나 학벌, 성별, 경제적 능력을 불문하고 누구에게나 구분 없이 보편적으로 주어져야 한다. 그래야 자유가 보장되고, 그에 따른 기회의 공정성도 유지된다.

사람은 누구나 태어난 환경이 다르다. 부유한 집에서 태어난 사람이 있는가 하면, 가난한 집에서 태어난 사람도 있다. 다른 환경 때문에 공정하게 기회가 주어지지 않는다면, 정의로운 사회일 수 없다.

사회 정의를 가로막는 또 하나는 분배의 평등이다.

예컨대 어른과 고등학생, 어린아이, 세 사람이 야구장의 담장 밖에서 구경을 하고 있다고 가정을 해 보자. 평등하게 상자를 하나씩 나눠주며 발판으로 삼으라고 했다. 어른은 키가 크니까 사과 상자가 없어도 야구 경기를 볼 수 있었고, 고등학생은 상자 한 개를 놓아야 볼 수 있었다. 하지만 아이는 상자 하나를 딛고 서도 구경을 할 수 없었다.

가장 현명한 평등은 어른에게 제공한 상자를 아이에게 건네주어 아이가 두 개의 상자를 밟고 섰을 때, 비로소 세 사람이 야구 경기를 볼 수 있는 것이다. 정의는 이렇게 공평하게 흘러가야 한다. 그럴 때 비로소 올바르게 변화할 수 있다.

분배의 평등은 정의로운가?

타이거 우즈는 1997년 마스터스대회에서 최연소 우승을 4번이나 했다. 명실공히 세계 최고의 선수인 그가 어느 날 코치에게 "스윙을 바꿔야 한다"고 말했다.

골프는 스윙에 따라 구질이나 비거리가 달라진다. 뇌보다 몸이 먼저 기억하는 스윙을 바꾼다는 것은 %선수에게 위험한 일이다. 자칫 슬럼프에 빠질 수 있고, 현재의 자리마저 위협받을 엄청난 모험이기 때문이다.

코치는 "미쳤어, 스윙을 왜 바꿔?"라며 고개를 저었다. 하지만 타이거 우즈는 강력하게 요구했다. 결국 스윙을 바꾸는 동안 적응을 하지 못해 한 차례 우승에 그쳤다. 사람들은 "이제 타이거 우즈 시대는 끝났어"라고 말했다.

그렇게 2년이 지난 1999년, 그는 PGA 챔피언십에서 우승했고 그 해에만 8승을 달성했다. 그의 스윙은 한 단계 업그레이드된 모습을 보여 주었다. 이듬해에는 골프 역사상 두 번째로 한 해 동안 3번의 메이저대회 우승으로 그랜드슬럼이라는 기록을 세웠다.

당시 왜 스윙을 바꾸었는가, 라는 질문에 우즈는 간명하게 대답했다.

"정상을 유지하기 위해선 변화를 꾀할 수밖에 없었다."

변화를 피하고 머뭇대는 이유는, 변화가 가져올 두려움 때문이다.

그러나 변하지 않는다고 현재의 자리가 유지되지는 않는다. 다양하고 빠른 세상에서 가만히 있다 보면 오히려 뒤로 밀려나게 된다. 두려울지라도 끊임없이 변화를 시도해야 하는 이유이다.

정의도 시대에 따라 변해야 한다. 흐름을 거부하거나 역행하는 정의는 도태될 수밖에 없다. 현재의 변화에 집중하지 않으면 정의는 이리저리 표류하며 오류를 범하게 될 것이다.

따라서 우리가 바라는 정의로운 사회를 위해선 정의도 변화를 수용해야 한다. 때늦은 정의라는 비난에서 벗어나기 위해선 수시로, 정의의 방향을 변화의 틀 안에서 점검해야 한다.

이타심은 다 좋은가?

사례1)

"따님의 결혼을 축하드립니다. 회사 내부 게시판에 공지되었더라고요."

결제 도중, B대리가 A부장 자녀의 결혼 이야기를 꺼냈다. A부장은 자못 심각한 낯으로 입을 열었다.

"거래처 김 사장과 박 이사에게 내 입으로 딸래미 결혼한다고 이야기하기가 쫌……. 자네 생각은 어때?"

직무와 이해관계에 있는 사람에게는 경조사 통지를 못 하게 되어 있다. 불의와 청탁이 개입할 여지를 사전에 차단하겠다는 의미이다.

B대리가 선뜻 대꾸하지 못하자 A부장이 다시 말했다.

"사실 지난 3월에 김 사장 아들 결혼할 때, 나는 축의금을 했었거든."

A부장의 심정을 충분히 이해할 만했다. 20년 넘게 직장생활을 했

으니 경조사로 나간 돈만 해도 만만치 않았을 것이다. 그렇다고 순순히 동의할 수도 없는 노릇이었다. 그러나 불쑥 B대리의 뇌리를 스치는 것이 있었다.

'아뿔싸, 내년에 승진을 하려면 올해 근무평점을 잘 받아야 하는데.'

B대리가 용기있게 말했다.

"부장님, 걱정하지 마십시오. 제가 알아서 조용하게 알리겠습니다."

결국 B대리는 무너졌다.

사례2)

명절을 앞두고 C지점장은 고민에 빠졌다.

그래도 명색이 명절인데 직원들 손에 선물이라도 하나씩 들려 보내고 싶었다. 작년까지는 명절 때마다 본사에서 직원들에게 간소하게나마 선물을 제공했다. 그러나 이번에는 전례를 따르지 않기로 했단다.

본사의 방침을 전할 때, 직원들의 씁쓸했던 표정이 자꾸만 마음에 걸렸다. 경기 탓이었고, 지점장인 자신이 결정한 바도 아니었지만, 상사로서 면목이 없었다. 직원들이 무능한 상사라고 비난하는 듯해 뒤통수가 뜨거워졌다.

예전에 명절 선물 꾸러미를 들고 퇴근하던 광경이 떠올랐다. 집에 들어서는 순간, 선물의 내용과 상관없이 얼마나 뿌듯했던가. 회사에서 자신이 좋은 대접을 받고 있다는 것을 가족에게 보여주는 것처럼 여겨지곤 했다.

어쩔 수 없이 직원들 사기를 위해 결단을 내렸다. 거래 업체에 부탁해 상품권을 받기로 했다.

우리는 타인의 고통이나 어려움에 대해 냉정하게 외면치 못한다. 설사 외면할지라도 마음의 부담은 계속 남게 된다. 경우에 따라선 자신의 희생과 손실을 기꺼이 감수하면서까지 남을 위해 나선다. 이러한 심리적 상태를 이타심이라고 한다. 인간이 지닌 고귀한 품성인 이타심의 기저에는 항시 타인이 존재하기 마련이다.

캐나다 심리학자 엘리자베스 던은 직장인 46명을 대상으로 행복을 측정하는 실험을 했다.

두 그룹에게 20달러씩을 주었다. 한 그룹에게는 자신을 위해 돈을 쓰라고 하였고, 또 다른 그룹에게는 남을 위해 돈을 쓰라고 하였다. 이후 행복도를 측정해 보니 남을 위해 돈을 쓴 그룹의 행복도가 더 높게 나타났다.

나의 이타심은 이기심을 가장하는 수단이 아닌가?

실험에서 드러난 것처럼 이타적인 행동은 타인은 물론 자신에게도 긍정적 효과를 가져온다. 누군가를 돕는 행위는 결국 자신에게도 행복한 감정을 느끼게 하기 때문이다.

그러나 이타심이 행복으로 진전되기 위해서는 선행 조건이 있다. 그것은 계산적 행위를 앞세우지 말아야 한다. 자신의 이익을 위한,

또는 정략적 판단에 의한 이타적 행위라면 행복감을 느낄 수 없기 때문이다. 즉 이타심은 가공되거나 왜곡되지 않은 순수한 마음가짐에서 출발해야 한다.

나의 이타적 행위는 이기심을 가장하려는 수단이 아닌가?

앞에서 말한 두 사례, A부장과 C지점장의 행위는 이리한 의구심에서 자유롭지 못하다.

첫 번째 사례는 경조사 통지 제한 규정을 외면한 것이다. A부장은 지위를 이용해 부당한 이득을 얻게 되고, B대리는 부당한 행위에 동조한 것이다. 직장인 행동 강령에서 '이권 개입 금지'를 위반한 것이다. A부장의 경우는 처벌이 하나 더 추가된다. 딸의 결혼식을 알릴 것을 묵시적으로 요구했기에 '사적 노무 요구'에 해당된다. 현행 법령상 처벌을 피할 수 없다.

두 번째 사례에서 C지점장의 마음 자체는 비난받을 일이 아니다. 오히려 직원을 아끼고 살피려는 마음은 칭찬받아 마땅하다. 문제는 행위에 있다. 상품권은 유가증권이고 금품에 해당한다. 자신의 위치를 앞세워 직무 관련자로부터 유가증권을 받아 직원에게 전달했다. 자신의 이익을 꾀하지 않을지라도 분명 금품을 수수한 행위이다. '청탁 금지법'에 저촉한 셈이다.

두 사례는 자신의 문제가 아닌, 상사와 직원을 돕기 위한 이타적 마음에서 비롯되었다. 그러나 어떤 과정을 거쳤는가에 따라 그 가치와 의미는 사뭇 달라진다. 만일 현행법에 저촉된다면, 또 그 행위의 이면에 이기심이 숨어 있다면 정당한 평가를 받을 수 없다.

이타심은 아름답다. 그러나 자칫 과정과 목적에 의해 자신은 물론 타인까지 위험에 빠뜨릴 함정이 되기도 한다. 그 위험성에 대해 몇 가지를 소개하고자 한다.

첫째, 기대심리에서 출발한 이타심이다.

누군가를 돕는 행위에 어떤 마음이 숨어 있는지 살펴야 한다. 승진이나 발령을 염두에 두었거나, 경쟁 상대보다 유리한 위치를 선점하기 위한 목적이 있었다면 순수하지 못하다. 즉 도움을 예상하는 마음에서 나왔다면, 일종의 거래 행위에 불과하다. 이타심이 거래의 틀에 갇히는 순간 이기심으로 바뀐다. 베푼 만큼 되돌려 받아야 한다는 생각에 불법을 좇게 될 가능성이 높아진다.

둘째, 의무적 이타심이다.

이타심은 강세에 의한, 어쩔 수 없이 따라야 할 의무가 아니다. 자발적 동기와 자의적 행위로 이뤄져야 한다. 의무에 의한 이타심은 일종의 은혜를 베푸는 식의 행위가 될 위험이 크다. 두 번째 사례처럼 C지점장의 행위는 직원들을 위해 베푸는, 가진 자로서의 자기 과시가 될 수 있다.

셋째, 이기적 이타주의이다.

이타심을 수단으로 여길 때 생기는 문제이다. 자신의 이기적 목적을 이타심으로 위장하는 것이다. 첫 번째 사례처럼 자신의 승진을 위해 상사의 어려운 일을 알아서 해결해 주는 경우이다. '내가 이 정도 했으니 언젠가는 기회를 줄 거야'라는 일종의 계산된 선행인 셈이다.

이타심의 모범적인 사례

반면 이타심의 모범적인 사례는 우리 주변에 많이 있다.

가장 비근한 예로 자식을 향한 부모의 사랑이다. 거기에는 조건이 없고, 한계를 정해 놓지도 않고, 보상을 기대하는 심리도 없다.

헐리우드를 대표하는 여배우 오드리 햅번은 은퇴 후 아프리카 아동을 위해 헌신했다. 인도의 콜카타에서 빈자의 어머니로 불렸던 마더 테레사 수녀도 평생에 걸쳐 이타심을 실천했다.

이타심을 인간만이 지닌 심성으로 간주한다면 오산이다. 동물의 세계에서도 찾아볼 수 있다.

5세 아이 정도의 지능을 가졌다고 하는 돌고래에게서 이타적인 모습을 볼 수 있다. 돌고래는 부상 당한 동료가 숨을 쉴 수 있도록 물 밖으로 들어 올리는 행위를 한다. 아마존의 흡혈박쥐도 이타적 행위를 한다. 흡혈박쥐는 사나흘 정도 다른 동물의 피를 섭취하지 못하면 기아로 죽고 만다. 때로는 사냥에 실패하기도 한다. 이때 사냥에 성공한 박쥐가 피를 토해내 동료 박쥐의 목숨을 구해준다.

자신에게만 집중되어 타인의 아픔과 손실에 무관심한 행위를 이기심이라고 한다. 자신의 이익을 위해 타인의 권리를 훼손하려는 심리이다. 이기심은 공동체를 무너뜨리는 위험 요인이다. 그러나 잘못된 이타심 역시 이기심만큼 위험하다.

이타심이 위험한 것은 함정이 도사리고 있기 때문이다. 선의에서 비롯되었을지라도 이타심의 본질에서 벗어날 수 있다. 따라서 이타심의 함정에 빠지지 않기 위해선 두 가지 잣대로 점검해야 한다.

첫째, 동기와 과정이다.

동기는 순수해야 하며, 과정은 공정해야 한다. 어느 한쪽에만 해당된다면, 이타심의 가면을 쓴 이기적 행위에 불과하다. 불순한 의도를 가진 행위이거나, 불의한 과정을 따르게 되기 때문이다.

둘째, 공동체의 정의이다.

이타심의 기저에는 타인이 존재한다. 이타적 행위를 통해 서로의 유대감을 높여주게 된다. 나아가 공동체를 유지하는 동력이 된다. 그러나 정의에서 벗어난 이타심은 어쩔 수 없이 공동체 중 누군가를 훼손하게 된다. 그러므로 진정한 이타심은 언제나 정의의 틀 안에 있을 때, 본래의 의미가 드러나게 되는 것이다.

불의한 이타심은 이기심을 가장한 행위에 불과하다.

정의로운 이타심만이 공동체를 향한 빛나는 가치가 된다.

양심은 우리 삶의 심판자

양심은 내 안에 살고 있는 보이지 않는 신(God).

힌두교에서 정의 내린 양심이다.

양심은 마치 신처럼 믿고 따를 만한 기준이라는 것이다. 따라서 양심을 거스르는 것은 사고와 행동의 올바른 지침에서 벗어났음을 의미한다.

그렇다. 양심은 옳고 그름을 판단하는 직관이다. 그 직관은 경험과 학습을 통해 만들어진다. 인간은 경험과 학습으로 단련된 양심이라는 거울에 비춰 생각하고 행동하게 된다.

지저분한 거울로 자신의 얼굴을 자세히 볼 수 없다. 거울은 평소말끔히 씻어놔야 사물을 정확히 비출 수 있다. 마찬가지로 바른 양심이 바른 결정으로 이끌 수 있다.

가끔 벗들에게서 골프 제의가 온다.

운동을 좋아하고 남들만큼은 하는 터라 종종 동행한다. 그러나 격

정거리가 있다. 혹시 동행자들에게서 원치 않는 광경을 보게 되지는 않을까하는 염려이다. 나 역시 동행자들의 눈살을 찌푸릴 행동을 하게 될지도 모른다는 노파심까지 더해지면, 골프는 즐거움보다 부담으로 다가온다.

골프는 왜 에티켓의 스포츠인가

모든 경기에는 규칙이 있기 마련이다. 골프 역시 마찬가지다. 경기에서 지켜야 하는 예의도 있다.

골프는 규칙을 어길 경우 벌타라는 패널티를 받게 되는 스포츠이다. 하지만 예의를 어겼을 때 제재를 가할 명문화된 규칙은 없다. 벌타를 받지도, 게임에서 탈락되지도 않는다. 그저 나와 동반자의 감정만 상할 뿐이다.

그럼에도 골프를 에티켓의 스포츠라고 한다. 예의를 얼마나 잘 지키느냐가 골프를 즐기는 중요 요인이 된다. 실제 필드에서 경기하다 보면 예의의 중요성을 실감하게 된다. 예의를 잘 지키는 사람과 동행할 때 경기에 오롯이 집중할 수 있다. 반대의 경우는 그만 평정심을 잃어 게임 자체를 망쳐버리곤 한다.

골프 에티켓은 책으로 정리할 만큼 무수히 많다. 상대가 샷을 할 때는 정숙을 유지해라. 그린 위에서 상대의 퍼팅 라인을 밟아서는 안 된다. 홀보다 멀리 떨어진 쪽부터 샷을 해야 한다. 벙커샷을 한 이후 흩어진 모래는 정리를 해야 한다 등등.

이러한 예의는 동반자의 게임을 망치지 않으려는 자세에서 출발한다. 이는 곧 상대에 대한 배려이다.

요즘 축구 경기에서 흥미로운 규칙이 등장하였다. 일명 'VR'이라는 것으로, 파울이나 오프사이드 판정 등 인간이 단정할 수 없는 미세한 오류를 잡기 위해 도입한 비디오 판독시스템이다.

이제껏 심판의 판정은 절대적이었다. 오심일지라도 심판이 내린 판정은 번복할 수 없었다. 그러나 VR의 등장으로 심판의 잘못된 판정을 바로잡을 기회가 생긴 것이다. 심판은 VR을 통해 드러난 사실로 자신의 판정을 수정하기에 이르렀으니, VR은 심판 위에 심판이 된 셈이다.

하지만 다른 스포츠와 달리 골프에는 유일하게 심판도 감독도 VR도 없다. 규칙이나 반칙 등에 대한 판단을 선수 스스로 내려야 한다. 심지어 점수도 스스로 기록해야 한다. 하나부터 열까지 규칙에 따라 스스로 판단하고 결정해야 한다. 규칙을 익히지 않고선 제대로 된 게임을 할 수 없다는 의미이다.

필자가 골프를 처음 배울 때의 경험이다.

코치는 일명 '똑딱이'라고 하는 것부터 가르쳐줬다. 온종일 지루하게 '똑딱이'만 하라는 코치에게 물었다.

"왜 골프 규칙은 안 가르쳐 줘요?"

"그런 건 필드에 나가면 저절로 다 알게 됩니다."

규칙은 저절로 알게 되는 것일까? 도둑질을 해 봐야 나쁜지 알게 된다는 것과 뭐가 다를지 의문이었다. 코치의 말대로 일정 부분은 필드에서 익히게 된다. 그러나 자의적 해석으로 흐를 위험은 간과할 수 없다.

실제로 필드에서 규칙 때문에 당황스러웠던 경험이 종종 있었다. 동행자들은 수시로 규칙을 변경하였고, 편의적으로 해석하기도 했다. 또한 규칙에 대해 정확히 알거나, 알고 있다 해도 지키려는 사람은 많지 않았다. 규칙의 잘못된 적용을 이야기라도 할라치면, 오히려 '선수도 아니면서 까다롭게 군다'는 핀잔을 듣곤 했다.

양심을 따라 규칙을 지킬 때 품격이 유지된다

2017년 메이저 대회에서 있었던 일이다. A선수는 어처구니없는 행동을 했다.

공이 벙커에 빠져 버렸고, 공교롭게도 공은 벙커 안의 나뭇잎 위에 떨어졌다. 그러자 A선수는 나뭇잎을 살그머니 치운 것이다.

골프에서는 나뭇잎을 '루즈 임페디먼트(Loose impediment)'라고 한다. '루즈 임페디먼트'는 나뭇잎과 솔방울, 작은 돌멩이나 벌레 같은 자연 장애물을 일컫는 골프 용어로 벌타 없이 제거할 수 있다. 그러나 제거하는 동작으로 공을 움직였다면 1벌타가 부여된다. 단, 벙커 내에서는 손이나 골프채로 모래를 건드리거나 나뭇잎 등을 치워서는 안 된다. A선수가 2벌타에 해당하는 행위를 한 것이었다.

또 다른 사례로 전국체전에서 있었던 일이다.

첫날 라운딩에서 B선수가 친 볼이 그만 숲에 떨어져 버렸다. 당황한 B선수는 숲 여기저기를 뒤지며 한참 찾더니 "내 공 여기 있다"며 소리를 쳤다. 그러나 무슨 이유인지 잠시 뒤 실격을 당하고 말았다. 처음 샷한 공을 찾을 수 없을 때는 OB라고 하여 2벌타를 받는다. 그러나 B선수는 2벌타를 받지 않으려고 호주머니에 있던 또 다른 공을 몰래 떨어뜨렸던 것이다. 일명 '알까기'를 한 것이었다. 결국 그 선수는 경기에서 제외되었다.

두 선수는 모두 규칙을 어겼다. A선수는 2벌타에 그치고, B선수는 실격을 당했다. 그 차이는 자못 시사하는 바가 크다. 규칙을 어긴 것보다 속인 행위를 더 엄격하게 처벌한 셈이다.

운이 좋아서 A선수의 행위가 발각되지 않았다면 어땠을까? 처벌 없이 끝까지 경기를 마쳤을 것이다. 그러다가 우승까지 했다면 A선수는 마냥 기뻐하며 환호할 수 있었을까. 자신만이 아는 거짓 우승이라는 낙인이 영원히 남았으리라.

어느 유명한 골프 선수가 슬럼프를 겪는 이유에 대해 이렇게 말했다.

"백 번의 굿 샷보다 한 번의 미스 샷에 더 매달렸기 때문이죠. 샷을 할 때마다 미스 샷이 떠올라 다시 실수를 범할 것 같은 예감이 들고, 그 예감이 이어지면서 슬럼프에 빠지게 됩니다."

양심을 어긴다는 것은 단 한 번의 미스 샷과도 흡사하다. 골프 선수의 슬럼프처럼 계속 영향을 미쳐 비양심적 행위를 반복하게 될 소지가 그만큼 크기 때문이다.

외부 심판이 없다는 것은 오히려 더 엄격한 심판이 내 안에 자리한다는 의미이다.

흔히 골프를 신사 스포츠라고 한다. 이유는 신사답게 품격을 지켜야 하기 때문이다. 그 품격은 규칙에 의한 것이 아니다. 양심에 따라 스스로 정당하게 판정할 때 가능하다. 역설적으로, 골프는 그만큼 양심을 속일 가능성이 많다. 그러므로 양심을 지키려는, 불의와 타협하지 않으려는 자발적인 노력이 필요하다.

'인간을 비추는 유일한 등불은 이성이다. 그러나 삶의 어두운 길을 인도하는 유일한 지팡이는 양심이다.'

독일의 시인 하인리히 하이네의 말이다.

법은 불의한 행위에 대한 잣대이다. 잣대에서 벗어나면 물리적 처벌을 가하면 된다. 그러나 양심은 삶의 방향을 올바르게 인도할 지팡이다. 양심을 지킨다는 것은 단순히 악을 멀리하고 선을 따르는 것, 그 이상의 의미가 있다. 양심을 버리면 자기 검열이 무너지고, 곧 더불어 함께 사는 공동체 안에서의 일상이 피폐해질 수밖에 없기 때문이다.

우리는 늘 선택과 결정 속에서 살아간다.

이게 정말 정의로운 선택인가?

불의한 결정은 아닌가?

선택과 결정을 하는 과정에서 법의 잣대를 빠져나올 수 있다. 위장과 거짓으로 타인의 눈을 속일 수도 있다. 때로는 합리화라는 울타리 속에 숨을 수도 있다. 그러나 자신의 마음, 곧 양심까지 속일 수는 없다.

골프의 심판이 양심인 것처럼 우리의 삶도 마찬가지다.

한점 부끄러움 없이 사는 것은 불가능하다. 인간이 완벽할 수 없듯이 누구든 실수와 오류를 범하며 살게 마련이다. 그러나 부끄러움에 대해 민감해질 수는 있다. 그것이 바로 양심이다.

양심의 거울에 나를 자주 비춰볼수록 나의 일상이, 삶이 흔들리지 않는다.

그러므로 양심의 최고 수혜자는 바로 나 자신인 것이다.

제2부

나를 바꾸는 소소한 정의

공짜, 가장 비싼 가격

'1억 만들기 재무 설계, 공짜.'

이런 광고 문구를 보았다면 어떨까.

공짜란 노력 없이 그저 얻는 것들을 말한다. 대가를 지불하지 않고 전문적인 안내를 받는다면, 그 역시 공짜이다. 재무 설계는 누구나 할 수 있는 게 아니라 전문 지식이 필요하다. 그런데 이를 공짜로 제공받아 1억 원의 자산까지 마련할 수 있다? 누구나 귀가 솔깃할 만하다.

30대 박 모씨는 어느 날 '딩동'하고 문자를 받았다. 마침 돈이 궁하던 참에 '6개월 후 원금 포함 이익 30% 지급'이라는 문구에 마음이 흔들렸다. 저금리 시대에 30%는 불로소득, 즉 공짜에 가까운 이득이었다. 그는 전세금 7천만 원을 빼서 사모펀드에 넣었다. 결국 불법 사모펀드의 꼬임에 빠져 이자는 고사하고 원금까지 떼일 형편에 놓았다.

필자도 비슷한 경험을 했다.

강의 자료를 만들다 보면 종종 동영상이 필요했다. 대부분 무료 사이트에서 다운을 받아 활용해 왔다. 어느 날, 평소에는 무료로 다운이 되던 사이트에 갑자기 팝업 창이 떴다. 새로운 앱을 깔고, 만 원의 사용료를 내면 계속 다운을 받아 사용할 수 있다는 내용이었다.

"지금까지 잘 써왔는데 갑자기 돈을 내라니, 이건 사기야."

갑자기 필자의 입에서 볼멘소리가 터져 나왔다.

사실 만 원은 큰돈이 아니다. 더구나 강의에 필요한 자료라면 마땅히 지불하는 게 옳았다. 그럼에도 공짜에서 만 원으로 변하는 순간 뭔가 손해를 본다는 느낌이 들어 결재를 망설였다.

세상에 공짜 싫어하는 사람이 있을까? 아마도 없을 것이다. 오죽하면 옛말에 '공짜면 양잿물도 마신다'라고 했을까.

필자의 아버지께서는 "세상에는 공짜가 없다"고 늘 말씀하셨다. 어릴 때는 그 뜻을 제대로 이해하지 못했다. 사회생활을 하면서 내가 받는 보상은 땀 흘린 노동의 대가이거나, 경제적 투자에 따른 이익이라는 것을 알게 되었다. 또한, 투자 대비해 그 이익이 터무니없게 많을 리 없다는 것도 경험을 통해 알게 되었다.

몇 년 전 베트남에 간 적이 있다. 차이나타운을 관광하다가 꽤 유명하다는 식당에 들어갔다. 목이 마르던 차에 맥주를 먼저 시켰다. 주문한 안주가 늦어지는 통에 맥주와 땅콩을 먼저 먹었다. 무려 땅콩을 세 접시나 더 요청해 먹었다.

식사를 마치고 계산을 하는데 예상한 가격보다 터무니없이 비쌌다. '외국인이라고 바가지 씌우나보다'라는 생각으로 꼼꼼히 따져보았다. 알고 보니 땅콩 가격이 포함되어 있었다. 우리나라처럼 공짜가 아니었던 것이다. 배보다 배꼽이 더 커져 버린 웃지 못할 경험을 한 적이 있다.

우리 주변에는 공짜가 아닌데 공짜처럼 둔갑한 것들을 의외로 많이 찾아볼 수 있다.

재래시장에서 주는 덤, 대형 마트나 할인점에서 상품에 끼워주는 물건, 주유소에서 주는 생수나 물티슈 혹은 세차권, 화장품 샘플, 공공장소에서 팡팡 터지는 와이파이, 심지어 맛 없으면 공짜라는 식당, 공짜 폰 등 셀 수 없이 많은 공짜들이 우리에게 다가온다.

그러나 이 모든 것들은 사실 공짜가 아니다. 남지 않는 장사는 없듯이 많든 적든 이익이 있으니 장사를 하는 것. 수많은 공짜 속에는 보이지 않는 가격이 책정되어 있는데 우리가 인식을 하지 못할 뿐이다. 우리의 머릿속에 각인된 공짜의 환상을 마케팅 전략으로 이용한 셈이다.

우리는 왜 공짜를 좋아하는 걸까?

공짜는 힘들게 노력하지 않고 쉽게 얻을 수 있어서 달콤하다. 그만큼 쉽게 흔들리는 것이다. 기대하지 않았던 이익이 다가올 때는 즐겁기까지 하다. 또한 강요에 의한 것이 아닌, 대부분 자연스럽게 제공받는 것이어서 부담을 느끼지 못한다. 사실 안 받아도 손해는 없지만, 왠지 손해 본 거 같은 생각이 드는 것, 그것이 공짜이다.

그러나 우리의 정서에 비춰 공짜를 좋아하는 사람을 그렇게 호의적으로 바라보지는 않는다. 흔히들 공짜를 좋아하는 사람들을 향해 '도둑놈 심보'라고 말하거나 '날로 먹으려 한다'는 표현을 쓰기도 한다. 노력은 없이 남에게 받기만 하려는 습성을 곱게 여기지 않기 때문이다. '자기 것은 아까워 벌벌 떨면서 남의 것은 아까운 줄 모른다'는 뒷담화를 하기 일쑤다. 심한 경우 '거지 근성이 있다'며 원색적인 비난을 하기도 한다.

인간은 누구나 보편적으로 공짜를 좋아하는 심리 구조를 갖고 있다. 그러나 공짜를 추구하는 행위는 옳지 않다는 점도 알고 있다. 공짜에 담긴 일그러진 모습이 정의의 가치를 훼손한다는 것을 경험을 통해 알고 있기 때문이다.

그렇다면 공짜의 위험 요소는 무엇일까?

공짜가 습관이 되면 불법에 빠질 확률이 높아진다.

반복적으로 공짜 선물을 받다 보면 그걸 당연한 것처럼 여기게 된다. 자신이 기대하였던 공짜가 이루어지지 않으면 손해를 본 것 같은 생각에 사로잡히기 마련이다. 심지어는 맡겨놓은 물건을 돌려받지 못한 사람처럼 불평과 불만을 표출하기도 한다. '서비스가 형편없어졌다'느니, '사람을 무시한다'느니 꼬투리를 잡고 불화를 일으키기도 한다.

직장에서도 이러한 모습이 종종 눈에 띈다. 습관적으로 선물과 대접을 받아왔던 상사는 어떠한가. 공짜를 마치 당연한 권리처럼 여긴다. 때론 대접받는다는 우쭐함에 빠져 아랫사람을 함부로 대하기도 한다. 심지어 공짜를 제공하는 직원과 그렇지 않은 직원을 차별하는 경우도 있다.

거래처에서 벌어지는 공짜도 마찬가지다. 공짜라고 생각하는 선물과 대접은 불공정한 거래의 빌미가 된다. 그만큼 공짜로 인해 불법이 벌어질 확률이 높아진다. 일종의 '습관화된 함정'인 셈이다. 이슬비에 옷이 젖듯 서서히 익숙해지면서 무감각해지고 결국은 무너지는 것이다.

공짜를 쫓다 보면 판단력이 흐려진다

간혹 술집이나 음식점 입구에 '안주 공짜'라는 문구를 보게 된다. 안주는 진짜 공짜일까? 설령 안주가 공짜일지언정 술을 그만큼 많이 마시게 하기 위한 영업 전략의 일환일 따름이다.

대형마트의 '1+1' 상품은 과연 표현 그대로 공짜인지도 살펴볼 일이다. 하나를 덤으로 받는 것 같지만 실상은 정가 자체가 부풀려 있어 두 개 가격으로 사는 것이나 마찬가지인 경우도 허다하다. 공짜로 인해 과소비를 하게 되는 셈이다.

공짜를 사랑하는 순간 우리는 현명한 소비를 할 수 없게 된다. 공짜 속에 숨은 유혹에 판단력까지 흐려지고 만다. 1개면 충분한 물건을 2개를 사게 되는 과소비의 결과를 빚기도 한다. 결국 공짜라는 심리를 이용한 상술에 빠진 꼴이다.

공짜의 문제점은 정의와 연관되어 있다는 점이다.

사회적 정의는 노력의 대가가 합당하게 이뤄지는 것이다. 부당한 이익과 차별적 대우는 정의를 무력화시킨다. 공짜 역시 이러한 위험 요소를 지니고 있다.

상대방이 제공하는 호의나 선행들을 공짜로 여겨 받아들이면, 반대로 부탁을 받았을 때 거절하기가 쉽지 않다. 처음에는 작은 호의로 시작했기에 인식하지 못한다. 하지만 점차 커지면 뇌물이 되고 청탁으로 발전한다.

예를 들어 공짜로 뭔가를 받았다고 치자. 부탁을 거절할 수 있을까? 아마 쉽지 않을 것이다. 하지만 부탁을 들어주는 순간 불법이 되고 만다. 공정하고 정의로운 결정을 내릴 수도 없고, 인생에 크나큰 오점을 남길 수도 있다. 공짜는 작거나 크거나 멀리해야 할 이유이다.

공짜를 대하는 우리의 현명한 태도는 무엇일까.

첫째, 작은 공짜를 조심하라.

경쟁 사회에서 공짜는 강력한 유혹의 수단이다. 상품 판매에서 각종 서비스 제공까지 공짜는 이미 우리 주위에 널려 있다. 그야말로 공짜의 전성시대요, 공짜를 대놓고 권하는 사회가 된 셈이다.

제아무리 사소할지라도 거듭 반복하다 보면 둔감해지기 마련이다. 공짜에 대한 인식 또한 마찬가지이다. 공짜를 당연히 여기다 보면 눈이 멀어 그 이면을 파악하지 못하게 된다.

공짜에는 어떤 식으로든 저의가 담겨 있다. 작은 공짜일지라도 예외일 수는 없다. 그럼에도 작다는 이유로 거리낌 없이 받아들이게 된다. 그러다 보면 어느새 습관이 되어 버린다는 사실을 한 번쯤은 경험해 봤을 것이다. 습관은 판단보다 빠르고 강력하다. 공짜 속에 담긴 의도를 파악하기 전에 몸이 먼저 요구하고 반응한다. 결국 사소한 공짜를 엄중히 다루지 못했을 때, 습관은 함정이 되어 불법을 저지르는 결과를 가져오게 된다.

소소하게 다가오는 작은 공짜부터 조심하고 바짝 경계해야 한다. 갈증이 난다고 바닷물을 마실 수는 없다. 일시적으로 해소된 것처럼 느끼지만 결국에는 탈수 현상으로 사망하게 된다. 작은 공짜는 더 큰 공짜를 불러와 파멸의 길에 이르게 한다.

둘째, 공짜의 이유를 판단하고 경계하라.

공짜 점심은 없다. (There is no such thing as a free lunch.)

미국의 폴 새무얼슨이라는 경제학자가 한 말이다. 세상에 어느 것도 공짜로 얻을 수는 없다는 말이다. 공짜로 무엇인가를 요구하거나 바라는 사람을 경계하라는 의미이다.

현재의 사회 구조와 경제 질서 속에서 이유 없는 공짜란 없다. 특별히 주는 기회, 특별 이벤트라는 이름으로 포장된 속에도 제공자의 의도가 숨어 있기 마련이다. 일종의 대가성 전략의 일환이라면 당연히 특혜의 범주에 속한다.

특정 기업이나 개인에게, 혹은 모든 사람들에게 온전히 공짜를 제공다면, 이건 괜찮은 것일까? 하지만 왜 주는지, 제공자의 손익이 있는지를 꼼꼼하게 따져보아야 한다.

간혹 선의의 표시라고 자신의 기준대로 재단을 해 버리는 경우가 있다. 그렇게 되면 공짜에 대한 민감성이 떨어지기 마련이다.

셋째, 법률이나 규칙에 위반되는 것은 없는지 확인해야 한다.

최근 개인 유튜브 채널에서 모 도지사의 행위가 문제가 된 적이 있었다. 청년들에게 피자를 공짜로 제공하였는데 공직선거법 위반으로 검찰에서 기소된 사건이었다. 비록 적은 금액의 벌금이 판결되었지만, 이미지 손상은 피할 수 없는 부분이다.

자신의 행위가 법에 저촉이 되는지, 또는 국민의 정서와 동떨어진 행위는 아닌지, 평소 판단할 수 있는 가치 기준을 갖춰 살펴야 한다.

넷째, 대등한 관계 유지다.

공짜는 언뜻 교환 가치와는 무관하게 여겨진다. 주는 쪽에서는 일방적 제공이 되고, 받는 쪽에선 기대치 않는 이익으로 받아들인다. 그럼에도 둘 사이에는 암묵적인 교환의 목적이 존재한다.

사회생활에서 관계는 상호작용의 심리, 호혜의 원칙에 따라 형성된다. 받기만 하는 입장에 머무른다면 관계는 지속될 수 없다. 따라서 바람직한 관계를 위해선 서로 대등한 위치에서 주고받는 상황이 되어야 한다. 그래야만 공짜가 안 되는 것이다.

가끔 주변을 둘러보면 늘 얻어먹으려는 사람들이 있다. 최소한 두 번 얻어먹었으면 한 번쯤은 사야 하는데 계산할 때가 되면 절묘한 타이밍에 화장실로 가며 모른 척하는 사람들이 있다. 상대의 입장에서 곱게 보일 리 없다. 결국 공짜에 배가 불러 관계의 균열마저 감수해야 한다.

공짜는 늘 소심한 얼굴로, 사소한 것에서부터 서서히 다가온다. 가볍거나 우습게 여기고 경계하지 않으면 습관이 된다. 그리고 습관이 되는 순간 가치 기준에 둔감해진다.

공짜 습관이 반복되면 결국 이익을 얻기 위해 서슴없이 불법도 받아들이는 삶으로 전락한다. 개인은 물론 사회적으로도 뇌물, 청탁이 만연화되는 것이다.

뇌물과 청탁은 처음부터 민낯으로 다가오지 않는다. 공짜라는 가면을 쓴 채 슬그머니 다가온다.

사소한 공짜가 거대한 정의를 훼손하는 칼날이 된다.

결국 공짜는 가장 비싼 지불인 셈이다.

사무실의 볼펜 하나를 가져가도 절도

"넣어둬, 넣어둬. 괜찮아, 괜찮아."

드라마 '막돼먹은 영애씨'에 나오는, 작은 광고회사 직원 라 과장이 직장 동료에게 하는 고정 멘트이다.

라 과장은 사무실에 있는 물건에 대해 '먼저 보는 사람이 임자'라는 생각을 가지고 있다. 세상에서 가장 맛있는 커피는 집에서 마시는 사무실의 믹스커피다. 음료수, 물티슈 등 사무실의 모든 비품은 라 과장의 레이더에 포착되는 순간 그녀의 가방으로 들어간다. 망설임이나 양심의 가책도 없이 당연하다는 듯 행동한다.

볼펜, 메모지, 그리고 A4용지, 스테이플러, 봉투 중 한 가지라도 회사의 사무용품을 집으로 가져간 적이 있는가? 종이 한 장, 볼펜 한 자루쯤이야, 하며 대수롭지 않게 여긴 적은 없는가?

너무 사소해서 문제시 하지 않았던 일일 수도 있다.

재직하는 동안 조직의 공적 업무에 사용되는 재산이나 자금을 제멋대로 쓴다면, 그것은 절도 행위에 해당한다. 본인도 모르지 않기에 당연히 두려움과 죄책감에 사로잡힐 것이다.

사소한 물건이라면, 아마 절도까지 확대해 생각하지는 않을 것이다. 하지만 이 역시 절도 행위에 해당된다. 아무리 사소한 물품일지라도 승인받지 않은 상태로 가져갔다면, 책임을 면하기 어렵다.

미국에서도 직장 절도 문제는 심각한 상태라고 한다. 미연방수사국(FBI)의 조사에 의하면 직원 절도로 기업의 33%가 파산하였다.

호주도 예외가 아니다. 펜이나 사무용품을 직원들이 집으로 가져가면서 회사가 입는 손실이 매년 1조 2,300억 원에 달한다. 결코 가볍게 받아들일 수 없는 상황이다.

'국제 공인 부정 조사 전문가 협회(ACFE)'의 2018년 보고서에 따르면, 직장 내 절도 때문에 25개국에서 약 700억 달러 이상의 손실이 발생하고 있다고 한다.

사소한 물품도 절도의 범주에 속한다

직장 내 절도는 흔히 공금횡령이나 유용, 업무상 배임 정도로 인식하고 있다. 그러나 사소한 물품 역시 절도의 범주에 들어간다.

직장 절도.

유럽에서는 오래 전부터 문제의 심각성을 파악하고 적극적으로 대처하고 있다. 그러나 우리나라에는 직장 절도라는 용어 자체가 아직은 생소하다.

직장 절도란 구체적으로 어떤 것인지 알아볼 필요가 있다. 물품, 정보, 시간, 돈 등의 유형으로 나눠보겠다.

첫째, 물품 절도

작게는 커피 몇 봉지부터 크게는 전자제품까지 다양하다.

몇 해 전, 일본에서는 '직장에서 휴대폰을 충전하면 절도인가, 횡령인가?'를 두고 떠들썩한 적이 있었다. 당시 우리나라 네티즌들은 '그 정도쯤은 그럴 수 있지'라는 반응이었고, 일본의 경직된 문화를 비난하기까지 했다.

그렇다면 개인이 혼자 사무실에서 사용하는 전기 히터는 어떤가. 회사로선 휴대폰 충전기에 비해 더 많은 비용을 지출해야 한다. 물론 회사의 부실한 난방 장치를 탓할 수 있지만, 그렇다고 자신의 행위에 마음 편한 노릇은 아니다.

코로나19로 마스크 품귀 현상이 일어났다. 마스크를 생산하는 공장의 직원이 가족에게 나눠줄 요량으로 마스크를 가져갔다. 그러나 이 사실이 드러나 처벌을 받았다.

소모품에서 공용물까지 직장 내 절도는 다양하게 일어나고 있다. 어디까지가 절도인가에 대한 인식이 필요하다.

◎ 공용물 사적 사용 사례
-군 장교가 관사를 숙박업소 사이트에 게시하여 사용료를 받는 행위

-생활관이나 기숙사를 공휴일에 지인들에게 무상으로 대여
-TV냉장고, 세탁기 심지어는 침대, 식기류 등 비품을 집에 가져가는 행위
-차량을 출퇴근용으로 사용하거나 사우나, 병원 또는 인근 식당에 가면서 이용
-업무용으로 적립된 항공마일리지나 법인카드로 적립된 포인트를 개인이 사용
-사무용 전화, 팩스, 복사기 등을 통상적인 범위를 넘어 과도하게 사용하는 경우

1971년 워싱턴에 '케네디 예술센터'가 세워졌다. 존 에프 케네디 전직 대통령을 기리려는 취지였다. 예술을 사랑하는 300여 명의 은퇴자들이 자원봉사자로 참여했다.

관리자는 어느 날부터인가 이상한 점을 발견했다. 사무실의 물품들이 하나둘씩 감쪽같이 사라지는 것이었다. 심지어 판매 대금까지 없어졌다는 사실을 알았다. 당시에는 현금으로만 거래되던 시대였다. 조사 결과, 한 해 40만 달러의 매출 중 무려 15만 달러의 현금과 물품이 사라진 것이다.

과연 범인은 누구였을까? 뜻밖에도 자원봉사하는 은퇴자였다. 한 명이 아니라 다수였다. 자원봉사를 청한 노인들이 좀도둑처럼 몰래 훔쳤던 것이다.

둘째, 정보 절도

경쟁사나 협력사 등에 내부 정보를 유출하거나 빼돌리는 방법이다. 자신이 근무하는 부서의 기밀을 경쟁사에 유출하여 이득을 보는 경우 또는 역정보를 흘려 불이익이 생기도록 하는 행위 등이다. 최근 모 공사 직원과 지인들이 신도시 개발 계획을 미리 입수해 부동산 투기를 한 사건으로 우리 사회를 들쑤셔놓았다. 직장에서 업무 중 알게 된 정보를 이용하여 본인이나 다른 사람에게 재산적 이득을 취득하게 하는 행위 역시 정보 절도에 해당한다.

2020년에 국제적으로 논란이 됐던 사건이 있었다. 미국 휴스턴에 소재한 중국 영사관에 미국 정부가 폐쇄 조치를 내렸다. 중국이 코로나19 관련 중요 정보를 유출했다는 정보가 포착되었기 때문이다.

흔히 내부 스파이라고 하는데, 회사나 기업체에 대한 정보 절도의 행위가 날로 늘어나 기업경영에 막대한 손실을 끼칠 만큼 정보 절도는 심각한 수준에 와 있다.

셋째, 시간 절도

'죄송합니다, 차가 밀려서'라며 매번 이런저런 변명으로 늦게 출근하는 사람. 점심 식사 시간이 끝났음에도 곧바로 업무에 복귀하지 않는 사람. 업무 시간에 스마트 폰으로 게임을 하거나 인터넷 쇼핑을 하는 사람.

2018년부터 국가 기관과 공공 기관에서는 업무 시간에 효율적이고 생산적으로 일할 수 있는 여건을 만들고자 '범정부 근무 혁신' 지침을 운영하고 있다. 그중 '집중 근무 시간제'가 있다. 오전에는 9시부터 11까지, 오후에는 2시부터 4시까지 전화나 잡담을 일체 금지해 일의 효율성과 역량을 높인다는 것이다. 책상이나 전화기에 스티커를 붙여 놓아 경각심을 일깨우지만 쉽사리 정착되지 않고 있다.

한편, 최저 시급 책정을 두고 논란이 일곤 한다. 고용주와 피고용인 사이의 입장이 다르므로 적정선에 대해서는 여기서 언급할 내용이 아니다. 다만 노동에 대한 중요한 기준이 시간이라는 점이다.

야근 수당, 특근 수당, 주말과 휴일 수당…….

이러한 초과 근무 수당의 비용을 산출하는 주요 기준은 시간이다. 정상 근무 역시 다르지 않다. 근로계약서 안에는 근로 시간, 휴일, 휴가 등이 명시되어 있다. 이는 고용주만이 준수해야 할 내용이 아니다. 피고용인 역시 동일한 권리와 의무를 지닌다.

근무 시간을 헛되이 보내거나 다른 용무로 쓴다면, 시간을 절도한 바와 다름없다.

넷째, 금액 절도

가지도 않은 출장을 간 것처럼 속이는 행위, 경비를 허위로 청구하거나 비용을 부풀리는 행위, 납품업자와 짜고 이중 계약서를 작성해 물품 대금을 착복하는 행위, 초과 근무 수당을 부정하게 수령하는 행위, 일과 후에 근무지를 벗어나 개인 용무를 보고 다시 들어와

초과 근무한 것처럼 하는 행위 등등. 정당하지 않은 비용을 청구, 수령하는 것은 절도에 해당한다.

특히 초과 근무 수당을 부당하게 수령하는 공무원의 경우는 공금 횡령으로 분류되어 징계 처분을 벗어날 수 없다.

업무 추진비를 가족이나 지인들에게 쓰면서 마치 거래업체에 업무 목적으로 쓴 것처럼 보고하는 경우도 있다. 심지어는 부서 운영비를 점심값 등 사적 용도로 사용하기도 한다. 격려금이나 직원의 출장비 또는 장비 구입 등을 경조사비나 운영비로 쓰는 파렴치한 경우도 있다.

공공 기관이나 직장에서는 직장 절도를 막기 위해 다양한 방법을 동원하고 있다. 하지만 물리적으로나 감정적으로나 한계가 있어 어려움을 겪고 있다.

설사 절도 현장을 목격한다고 해도 그간의 정 때문에 동료를 고발하는 건 만만치 않다. 고발하였을 때 자칫 역으로 명예훼손이나 무고로 고소를 당할 수도 있기 때문이다.

무엇보다 두려운 것은 밀고자라는 꼬리표다. 한솥밥 먹는 동료의 불법을 외부에 알리는 것은 공익을 위한 용기임에는 틀림없다. 하지만 개인적 손실 또한 독하게 감내해야 한다. 이러한 이유로 드러내지 않은 채 서로가 묵시적인 공범이 되는 것이다.

'너도 하는데 나라고 못 하겠어'라는 생각이 들면 불법은 점차 전염된다.

　이러한 문제를 개선하기 위해 일부 회사에서는 컨설팅업체를 동원해 관리까지 하고 있다. 하지만 사무실 곳곳에 설치된 CCTV가 논쟁거리가 되었다. 외부의 힘에 의해 관리 받고 조정 당한다는 생각에 직원들의 반발이 만만치 않았다. 인권 침해라며 항의를 받기도 했다 한다. 오죽하면 이랬을까라는 생각이 들지만 역시 개운하지 않은 느낌이 든다.

직장 절도는 왜 끊임없이 일어날까?

　'한국 형사 정책 연구원'에서는 직장 절도에 취약한 이들의 성향을 연구하였다.

　직급과 임금이 낮거나 승진에서 좌절된 이들이 많은 것으로 나타났다. 재직 기간도 영향을 미쳐 짧을수록 직장 절도에 쉽게 노출되었다고 한다. 임금과 제도가 불공정하다는 인식도 부정적인 행동으로 이어졌다.

　물론 의식하지 못한 채 습관적으로 이루어지는 경우도 있었다. 이러한 성향은 직장에서의 문제보다 개인의 도덕성과 연관성이 더 크다. 직장 절도는 낮은 윤리 의식에서 출발한다고 말할 수 있다. 공동체에 대한 인식 부족, 자기 행위에 대한 합리화, 유혹에 대한 무절제, 불법에 대한 둔감함이 절도라는 일탈 행위를 부추기는 것이다.

5천 년 역사를 통해 존경할 만한 인물을 꼽으라면 이순신 장군이 빠지지 않는다.

이순신 장군은 비교적 늦은 나이인 32세에 무과에 급제했다. 수군과 첫 인연을 맺은 곳은 작은 바닷가 마을로, 현재 행정구역상으로 전라남도 고흥군 도화면 발포리이다.

그곳에서 수군만호라는 직책으로 근무하고 있을 때였다.

어느 날 전라좌수사(오늘날로 말하면 이사관급 지휘관)가 거문고를 만들어 무료한 시간을 보내고자 했다. 거문고를 만들 오동나무를 수소문하였지만 찾을 수 없었다. 마침 이순신 장군이 근무하고 있는 발포관아에 아름드리 오동나무가 있다는 것을 알게 된다. 곧 부하를 통해 이순신 장군에게 발포관아에 있는 오동나무를 베어 오라고 지시하였다.

이순신 장군은 단호히 거절하였다.

"비록 나무이지만 관아의 오동나무는 관아의 것이니 함부로 벨 수 없사옵니다."

수군만호는 종4품, 전라좌수사는 정3품이다. 직제로는 명령을 따를 수밖에 없는 위치였다. 그럼에도 이순신 장군은 엄중한 윤리 의식으로 맞섰다. 공용물은 사적으로 쓸 수 없다며, 공사를 구분해 공직자로서 본분을 다하였다. 결국 미운털이 박혀 강등까지 당하였다.

오동나무 한 그루 때문에 고난의 길을 자초할 필요가 있었을까?

그가 정녕 지키고자 한 것은 무엇이었을까?

오동나무가 아니라 본분이었던 것이다. 그 본분이 마침내 임진왜란을 승리로 이끌었다. 조선을 위기에서 건져낸 동력이었다.

사무실의 볼펜 하나를 집으로 가져가는 것이 뭐가 대수랴.

앞서 살폈듯이 이러한 것들이 모여 기업의 33%가 파산하고 만다.

개인에게는 볼펜 하나가 불법의 덫에 걸리는 시작이 되는 것임을 기억해야 한다.

작은 것에 걸려 비틀대면 더 큰 것에는 반드시 넘어지는 법이다. 사회적 정의 역시 그러하다.

거대한 것만 지키는 것이 아니다. 오히려 가볍고 사소한 것에서 시작된다.

소소한 정의가 지켜질 때 거대한 정의도 뿌리내릴 수 있다.

선물이 뇌물이 될 수 있다

'축 결혼, 경찰청장 OOO'

어느 경찰관의 결혼식에 배달된 화환이었다.

하객으로 참석한 동료들 사이에 작은 소동이 일었다. 놀랍기도 했고, 선뜻 믿기지도 않았다.

경찰청장이 경찰관들의 결혼식마다 화환을 보낸다? 전국적으로 따지면 그 숫자가 어마어마할 테고, 그 많은 비용을 업무 추진비만으로 감당할 수 있을까?

사실을 확인한 결과 거짓으로 드러났다. 경찰청장이 보낸 게 아니었다. 결혼 당사자인 남자경찰관이 꽃집에 연락해 미리 비용을 지불해 놓은 것이다. 그리고 마치 경찰청장이 직접 보낸 것처럼 꾸며 배달시킨 것이었다.

축하 화환은 일종의 선물이다. 왜 선물을 거짓으로 조작하였을까?

감찰 조사에서 해당 경찰관은 부모님의 체면과 자신의 자존심을 세우기 위한 행동이었다고 밝혔다. 체면과 자존심이라고 했지만, 실상은 선물로 포장된 과시의 수단이었던 셈이다.

큰 범죄는 아닐지라도 오래전에 있었던 어처구니없는 일화였다.

선물을 싫어하는 사람이 있을까?

받으면 기쁘고, 주면 즐거운 것이 선물이다. 사전적 의미로 선물은 '남에게 인사나 정을 나타내는 뜻으로 어떤 물건 따위를 선사하는 것'이다. 선물의 목적은 인사나 정을 드러내기 위한 것이다.

미국의 한 선교사가 있었다.

그는 외진 곳에서 어렵게 살아가는 인디언에게 종종 도움을 줬다. 어느 날 인디언이 꽤 먼 길을 걸어 선교사를 찾아왔다. 도움에 대한 보답으로 손수 만든 목각 인형을 선물하기 위해서였다.

선교사는 매우 고마워하면서 인디언의 집까지 자신의 차로 데려다 주겠다고 했다. 그러자 인디언이 고개를 저으며 말했다.

"제가 여기까지 걸어온 길도 선교사님께 드리는 선물입니다. 그리고 집까지 되돌아가는 길도 선물의 일부입니다."

정성껏 만든 목각 인형보다 더 소중한 의미의 선물을, 인디언은 이야기한 것이다. 곧 선물은 마음의 표시인 셈이다. 이런 연유로 선물은 정성과 함께 사용된다.

정성이 없는 선물을 받아본 적이 있는가?

말로는 '정입니다'라고 하지만 어쩔 수 없이 이해관계에 얽힌 선물이나 억지웃음 지으며 주고받는 선물이 비일비재하다. 때로는 당사자가 불필요한 물건을 선심 쓰듯 나눠준 느낌을 받기도 한다.

선물에는 늘 마음이 담겨 있어야 한다. 마음보다 물질로 선물의 가치를 평가할 때, 그 의미는 상실되기 마련이다. 선물의 목적 역시 마찬가지이다. 무엇인가를 얻기 위한 수단으로 사용된 선물은 엄격하게 말하면, 뇌물이 되는 셈이다.

선물인가 뇌물인가

선물과 뇌물.

그 차이에 대해 각자의 생각과 의견이 분분하다. 공직사회에 있으면, 특히 민감할 수밖에 없다.

주는 자의 의도를 생각하면 뇌물인 듯하고, 그 내용물을 살피면 그저 단순한 선물로 받아도 될 성싶기도 하니까 말이다. 안 받자니 상대가 정성을 무시한다고 불쾌하게 여길 듯하고, 선뜻 받자니 왠지 찜찜하고 석연치 않은 기분이 들기 마련이다.

선물과 뇌물을 구분하는 재미있는 표현이 있다.

-받는 사람이 뇌물로 생각할까 봐 준 사람이 걱정하면 선물, 받는 사람이 선물이라고 착각할까 봐 준 사람이 걱정하면 뇌물.

-받은 사실을 자랑하고 싶으면 선물, 철저히 숨기고 싶은 것은 뇌물.

-금품을 받고도 잠이 잘 오면 선물, 잠을 못 이루면 뇌물.

이러한 차이의 한계를 설정한 것이 2016년 9월 28일 시행된 '청탁 금지법', 일명 '김영란법'이다.

원활한 직무수행이나 사교 또는 의례나 부조의 목적으로 제공받는 금품이라고 무조건 뇌물은 아니다. 금액으로 5만 원의 한계를 지켰다면 선물로 규정하고 있다. 왜 5만 원을 적정선으로 명시했는지, 먼저 외국의 사례를 살펴볼 필요가 있다.

미국은 1회 20달러(약 2만 원), 연간 50달러(약 5만 원)의 금액이거나 그에 준하는 선물을 받지 못하도록 되어 있다. 일본의 경우는 5,000엔(약 5만 원) 이상을 수수할 경우 신고하도록 되어 있다. 영국은 25파운드에서 30파운드(약 4~5만 원), 독일은 25유로 초과 시 받을 수 없거나 사전 승인 절차를 거쳐야 한다.

이 나라들은 국제 투명성 기구(TI)에서 발표하는 부패 인식 지수(CPI)순위가 높은 나라들이다. 우리나라 역시 그 기준에 견줘 5만 원의 기준을 정한 것이다.

하지만 농수축산품은 10만 원까지 가능하다. 해당 업종의 특수성을 배려한 것이었다. 단, 가공제품은 원재료가 50% 이상 포함되어야 한다. 예를 들어 조미 김에는 김, 초콜릿에는 카카오, 스팸에는 다진 고기, 간장게장에는 게가 50% 이상 포함되어야 한다.

이러한 구분에도 불구하고 논란이 아주 사라지진 않는다. 개인적 친분 관계, 사교적 의례와 인사로 제공되는 것에 대해선 선물인가 뇌물인가를 두고 여전히 이해 충돌이 있다.

1999년 7월 23일 대법원 판결에 의하면 다음과 같다.

해당 공무원과 주고받는 사람과의 관계에 직무 연관성이 얼마나 있는가? 친분 관계의 밀접성은 어떠한가? 제공하게 된 동기와 목적, 경위 등의 상황은 무엇인가? 이렇듯 여러 가지로 따져보고 법 적용의 문제를 살펴야 한다는 것이다.

직무 연관성이 있으면 뇌물

얼마 전 일명 '검사 술 접대' 사건이 있었다.

피의자 김 씨는 변호사를 통해 3인의 검사들에게 룸싸롱에서 향응을 제공했다. 김 씨가 피의자 신분이라는 점으로 미뤄 향응의 목적은 어렵지 않게 짐작할 수 있다. 향응을 제공하면서 지출된 술값은 536만 원. 청탁 금지법에 의하면 100만 원 이상은 위법이다. 검사 3인 모두 법의 처벌을 피할 수 없을 것이라고 일반인은 생각했다. 그러나 검찰의 판단은 달랐다.

향응 제공자 역시 동석한 만큼 술값 계산에 포함되어야 한다는 것이다. 이 경우 1인당 114만 원에 해당한다. 역시 청탁 금지법에 저촉된다. 그럼에도 두 명의 검사는 기소조차 되지 않았다. 술자리를 일찍 떠났기에 이후 발생한 금액을 포함할 수 없다는 이유였다. 결국 두 명의 검사는 94만 원의 향응에 그쳤으므로 불법이 아니라는 것이다.

불기소 처분을 두고 검찰의 제 식구 감싸기라는 비난이 뜨거웠다.

단 6만 원에 의해 기소와 불기소가 나눠진다면, 법의 취지는 무시해도 좋다는 말인가? 제공자의 동기와 목적, 경위 등을 살피지 않은 채 기계적 금액만을 따지면, 청탁 금지법의 본지는 점차 퇴색하고 말 것이다.

향응도 일종의 선물이다. 그럼에도 위법성을 단호하게 판단하는 것은 간단치 않다. '검사의 술 접대'처럼 기계적으로 해석하면 법망을 빠져나오는 일이 생긴다.

위법성 판단의 어려움은, 선물에 담긴 마음이라는 특성 때문이다. 즉, 주고받는 이들 사이에만 존재하는 마음의 법칙이 있는 탓이다.

예를 들어 직장 상사의 부모님이 상을 당했다고 가정을 해 보자.

청탁 금지법상 5만 원까지가 제공이 가능한 금액이다. 그러나 오랫동안 쌓은 친분 관계가 있으니 5만 원은 부족하게 느껴져서 10만 원을 했다면 어떻게 될까. 기계적인 잣대로만 판단할 때는 위법이다. 하지만 동기와 목적, 경위 등에 대해서도 꼼꼼하게 종합적으로 확인하여 판단해야 한다.

명확한 것은, 의도와 목적을 떠나 직장 상사와는 직무 관련성이 있으므로 5만 원까지가 한계이다. 넘어서게 되면 위법인 것이다.

선물은 본래 감사의 마음이다.

선한 의도에서 비롯된 선물은 감사에 초점이 맞춰져 있다. 하지만 더러 감사의 마음을 적극적으로 표현하기 위해 물질을 사용한다. 그러므로 감사의 마음이 없는 단순한 물질 제공은 많든 적든 선물의 의미에서 벗어난 뇌물이 되는 것이다.

자칫 방심하여 선물이 뇌물로 변하지 않도록 늘 경계하고 조심해야 한다. 뇌물은 부패의 온상이고 정의의 가치를 훼손하기 때문이다. 또한 나와 공동체를 무너뜨리는 해악이라는 것은 자명한 사실이다.

뇌물이 없다면, 분명 정의로운 사회이다.

그렇다면 선물이 없다면 어떠할까?

기계적 정의는 지킬 수 있을 것이다. 그러나 감사와 정이 사라진, 엄격하고도 살벌한 세상이 될 것이다.

뇌물이라는 괴물 때문에 선물이라는 아름다운 꽃마저 꺾지 말아야 한다.

변질된 상의 의미

봉준호 감독의 〈기생충〉이 아카데미 시상식에서 4관왕을 차지하는 쾌거를 이루었다.

아카데미는 세계 최고의 권위를 자랑하는 영화상이다. 〈기생충〉은 제92회를 맞이하는 시상식에서 작품상을 비롯해 각본상, 국제영화상, 감독상 분야에서 오스카상을 받았다. 외국 작품으로는 유례가 없는 일이었고, 한국뿐 아니라 세계 영화사를 새롭게 쓴 것이었다.

오스카상은 매년 24개 부문에 걸쳐 시상을 한다. 전년도에 개봉된 영화를 대상으로 후보작을 정해 투표로 수상작을 결정한다. 수상 시기가 다가오면 영화 관계자와 일반인의 시선이 집중된다. 수상작에 대한 궁금증과 더불어 상금에 대한 호기심도 한몫을 한다.

일반적으로 천문학적 상금일 것으로 짐작을 한다. 하지만 오스카상에 상금은 없다. 트로피가 전부이다.

오스카상 트로피는 검을 잡고 선 기사 형상을 하고 있고, 재질은 주석 합금 위에 순금을 입혀 만들었다. 높이 34.3센티미터, 무게는 3.9킬로그램. 우리나라 돈으로 따지면 약 43만 원 정도다. 오스카상의 상금은 43만 원인 셈이다.

하지만 전 세계 영화인들은 오스카상의 수상자가 되기를 꿈꾼다. 고작 43만 원을 목표로 전력을 다할 리 없다. 세상의 인정과 평가, 돈으로 차마 따질 수 없는 영광이 있기 때문이다.

장 폴 사르트르는 실존주의 철학자이자 작가이다.

그는 1964년 노벨 문학상 수상자로 선정되었다. 그런데 뜻밖에도 수상을 거부했다. "노벨상으로 인해 나의 문학적 활동이 외부적 영향을 받는 것이 싫다"라는 이유였다.

그 역시 노벨 문학상의 권위를 인정하지 않은 것은 아니다. 다만 수상의 영예가 자신의 활동에 덧입혀지는 것을 원치 않았던 것이다. 2차 세계대전 직후 프랑스 정부에서 주는 훈장 역시 같은 이유로 거부했다.

사람들은 대부분 상을 받기 위해 노력한다.

사르트르의 사례를 들어 이러한 노력을 함부로 폄하할 수 없다. 다만 수상을 지렛대로 이용하거나 선정 자체에 허점이 있다면, 비난받아 마땅하다.

우리는 4년마다 국회위원을 뽑는다. 그때마다 유권자들은 누구를 뽑을 것인지 매번 선택의 기로에 선다. 출마자가 지역을 위해 어떻게 일을 해왔는지, 어떠한 정책 비전과 실행 능력을 갖추고 있는지, 도덕성은 온전한지를 파악해야 한다. 하지만 유감스럽게도 출마자를 종합적으로 평가하고 판단할 수 있는 정보가 약하다. 그러다 보니 선거 유인물에 의존할 수밖에 없다.

유인물에는 출마자들의 다양하고도 긴 인생 이력이 담겨 있다. 특히나 듣지도 보지도 못한 수상 내역들이 마치 덕장에 걸린 명태처럼 즐비하게 적혀 있는 것을 볼 수 있다.

우수 모범 국회의원 대상, 사회봉사 공로상, 청렴 봉사상……. 마치 수상 경험을 늘어놓기 시합이라도 벌이는 형국이다.

갑질이나 막말 등으로 도덕성을 의심받던 후보자가 관련 분야의 상을 버젓이 받는가 하면, 심지어 각종 비위로 언론지상을 뜨겁게 달군 후보자의 수상 내역을 살펴보면 기가 막혀 헛웃음이 나온다.

영수증을 끊듯이 상이 남발하는 이유

비슷한 일은 교육 현장에서도 벌어지고 있다.

2017년 교육부가 분석한 고등학교 교내 상 수여 현황에 따르면, 전국 고등학교의 62%가 학생 수보다 발급한 상장이 더 많았다고 한다. 그야말로 상장 인플레이션 현상이다.

서울의 한 고등학교에서는 학생 1인당 무려 10개 이상의 상장을 영수증 끊듯이 남발하였다. 유난히 우수하고 모범이 될 만한 학생이 그 학교에만 많아서일까. 애석하게도 대학입시를 위한 스펙 쌓기 수단으로 삼은 까닭이었다.

공직사회에서도 예외일 수 없다. 상은 중요한 의미를 지닌다.

인사 고과를 평가할 때 수상 여부는 가산점 역할을 한다. 즉, 승진을 위해서 상은 필수 요건으로 작용한다. 그러다 보니 공적이 없는 자격 미달일지라도 갖은 편법을 동원해 수상자가 되려고 불을 켠다. 또한 해당 부서에서는 승진 대상자가 있기라도 하면 몰아주기, 혹은 나눠 먹기 식으로 상을 받기도 한다.

상을 받으려면 거기에 합당한 업적이 있어야 하는 것은 당연하다. 받을 만한 자격을 갖춰야 하는 것이다. 따라서 상의 가치는 업적과 자격에 대한 공정성이 뒤따라야 하는 것이다.

만일 선정이 불공정하게 이뤄진다면, 상은 본래의 순수한 취지를 잃게 되는 꼴이 된다. 그러나 현실은 어떠한가. 스펙 쌓기의 수단으로, 더러는 선거에 당선되기 위해, 승진의 목적 등으로 다양하게 이용되고 있는 실정이다.

몇 해 전, 필자가 모 강의 대회에서 경험한 일이다.

강의 대회에 나가기 전, 국가 기관에서 주관한 강의 대회에 출전해 대통령상을 받았다. 너무 과분하고 큰 상을 받은지라 더 이상 상을 받고 싶다는 욕심은 없었다. 게다가 민간협회에서 주관하는 대회인지라 수상자가 된대도 크게 반길 일도 아니었다. 단지 도전과 경험을 통해 다양한 분야의 사람들을 만나 새로운 영역을 배우겠다는 마음가짐이었다.

그렇다고 형식적 참가에 그칠 수는 없었다. 현직 경찰공무원이다 보니, 조직의 이름(해양경찰)이 걸려 있는 만큼 여느 대회와 마찬가지로 열심히 준비했다.

그러나 결과는 참담했다. 참석에 의미를 두기에는 너무도 안타까웠다. 무엇보다 모든 과정을 지켜본 터라 선뜻 결과를 받아들이기 어려웠다. 도무지 납득할 수 없는 선정이었고, 참관한 이들도 고개를 절레절레 흔들었다.

입상자 대부분은 강의에 막 입문한 듯했다. 강의 실력은 물론이거니와 강의 내용 역시 다른 누군가의 자료를 베껴놓은 수준이었다. 그럼에도 그들은 여러 상들을 차지했다.

주관 협회 측에서는 나름의 명분을 세워 수상 이유를 설명했다. 다양한 사람이 심사평가에 참여하였으므로 공정성에 문제가 없다는 것이었다. 하지만 비전문 평가단과 청중 평가단의 심사를 과연 공정하다고 판단할 수 있을까? 강의 대회를 연예인의 인기 투표쯤으로 여긴 처사로 생각되었다. 또한 참가자의 지인이나 가족을 청중 평가단으로 참여시켰다. 그들이 수기로 작성한 평가서를 얼마나 신뢰할 수 있을지 의문이었다.

결국 은밀한 내막이 드러났다. 입상자 대다수가 주관 협회 회원이었다. '나눠 먹기', '돌려 먹기'로 상의 위상을 스스로 추락시킨 셈이었다.

상은 해당 분야에 대한 업적을 인정하는 것이다. 따라서 수상자를 결정하는 평가 방식은 대단히 공정해야 한다. 누구라도 인정할 수 있는 합리성이 당연히 담보되어야 한다. 그럼에도 불구하고 일부 대회에서는 이러한 과정과 절차를 무시한 채 관행적으로 남발하여 지급하고 있다. 대회는 이미 정해진 이를 수상시키려는 요식 행위의 도구로 전락되고 있는 것이다.

상은 다른 목적을 이루기 위한 수단이 아니다

선정의 신뢰성에 대한 불신은 결국 상의 가치를 떨어뜨린다.

이런 현상은 문화, 예술, 체육 분야는 물론 사회 곳곳에서 벌어지고 있다. 각종 전시회나 대회 등에서 수상을 하려면 심사위원에게 별도로 개인 교습을 받아야 하거나, 음성적인 거래가 있어야 한다는 말도 들린다. 결국 상은 영광의 훈장이 아니라 불신의 아이콘이 되고 있다.

상은 제비뽑기와 같은 요행의 산물이 되어서는 안 된다.

공로에 대한 찬사이며, 수고에 대한 보상이기 때문이다.

더불어 내일의 노력을 기대하는 격려이자 응원이다. 그러므로 특히 심사 과정에 불공정이 끼어 들어서는 곤란하다.

상은 다른 목적을 이루기 위한 수단이 아니다. 해당 분야의 우수성과 전문성을 인정하는 선에서 그쳐야 한다. 입학, 승진, 당선의 도구로 상을 이용하는 순간 상의 가치는 훼손된다. 특히 불순한 목적일 경우, 상은 불법을 자행하는 수단과 도구로 전락하고 만다.

그러므로 상은 심사과정에서도 신중해야 한다.

심사위원은 누구보다 공정을 지켜야 하며, 기준은 엄격해야 한다. 또한 수상자에 대한 자격 여부도 냉정하게 판단할 필요가 있다. 상의 목적은 단순히 일이나 업무에 대한 기술적인 평가에 있지 않기 때문이다. 수상자가 상의 가치에 걸맞게 합당한 기여를 했는지, 어떤 영향력을 미쳤는지, 상을 받아도 지탄의 대상이 되지 않는지를 종합적으로 살펴야 한다.

예컨대 LPGA 골프 대회의 경우, 파렴치한 범죄를 저지른 사람은 대회 참가를 금지시킨다. 우승자일지라도 훗날 지탄받을 행위를 범하면 상 자체를 박탈한다. 이는 상의 가치와 권위를 지키기 위한 기준을 마련해 둔 것이다.

상의 본질적인 가치를 존중하라

상을 받는다는 것은 분명 즐겁고 보람된 일이다. 그러나 한편으로는 상당한 위험을 내포하고 있다.

상은 일종의 평가로써 상징적인 의미를 갖는다. 수상자의 자격과 업적을 공식적으로 인정한다는 뜻이다.

그러나 불공정한 과정을 거쳐 상을 받는다면 어떨까?

불순한 의도로, 예컨대 돈으로 사고 파는 행위처럼 거래의 목적이 끼어든다면 무슨 일이 벌어질까? 만약 자격 미달자이거나 불의한 사람을 수상자로 결정하면 상의 권위는 어찌될까?

상에 대한 본질적인 가치에 대해 생각해 보아야 한다.

왜 오스카상은 상금이 없을까? 상금이 없음에도 왜 최고의 상으로 인정받는가? 상의 본질적인 가치를 존중하기 때문이다. 상금을 겨냥한다면 상의 본래의 취지와 의미가 손상받을 위험성이 크다. 이를 차단하려는 의지의 표현인 것이다.

상의 전제 조건은 정당한 평가가 우선시 되어야 한다.

그러기에 불공정과 편법이 자리하지 못하도록 해야 한다. 이는 곧 정의를 무너뜨리는 것이기 때문이다.

엄격한 기준, 공정한 심사 과정은 단순히 수상의 건전성에 머물지 않는다. 사회 정의와 밀접하게 연결되어 있다.

더 이상 상을 받았다고 기뻐할 일도 또 상을 받지 못했다고 슬퍼할 일도 아니다. 먼저 상이 지닌 가치를 존중해야 한다.

그러기 위해선 선정 과정에서부터 정의를 지키는 자세가 필요하다.

그때 비로소 상의 가치가 살아나고, 공정한 평가 속에서 정의로운 사회의 모습으로 나아갈 수 있다.

내부 고발자는 배신자인가?

투철한 국가관과 강직한 성품을 지닌 박대익 중령.

어느 날 국방부 군수본부로 예상치 않은 영전을 했다. 선배들이 상급자로 수두룩하게 포진하고 있으니 열심히 근무하면 대령 승진을 예상할 수 있는 자리였다.

박 중령은 현장 실사를 하던 중 유독 미국의 '에어스타'라는 회사의 부품만을 공급받고 있다는 사실을 알게 됐다. 게다가 일부 부품은 이미 단종된 상태였다.

며칠 후 전투기 추락 사고로 조종사가 사망하는 사고가 발생했다. 하지만 지휘부에서는 부품의 결함을 숨기기 위해 조종사의 과실로 몰고 갔다. 이를 계기로 박 중령은 '에어스타'와 군수본부와의 추악한 모종의 계약을 알게 되었고 그 실상을 폭로했다. 감사원 조사 결과, 65센트에 불과한 나사 하나가 무려 2,300배가 넘는 1,500달러에 수입된 사실이 드러났다.

2002년 차세대 전투기 사업 외압설을 모티브로 만들어진 영화 〈1급 기밀〉의 줄거리이다.

내부 고발자.

영어로는 Whistleblower, 호루라기를 부는 사람이다. 부정행위에 대해 호루라기를 불어 주변에 알린다는 뜻을 담고 있다. 영국 경찰관들이 호루라기를 불어 동료의 비리를 경계하고, 시민의 안전을 확보하는 행동에서 유래하였다. 조직 내부의 부정부패, 불법, 예산 낭비 등 각종 비리를 바로잡고자 외부에 알려 공익과 안전을 지키는 이가 내부 고발자이다.

부정부패나 불공평, 불공정 등 법의 테두리를 벗어난 행위에 대해 침묵할 것인가? 그렇지 않다면 이를 바로잡기 위해 용기 있게 나설 것인가?

내부 고발은 개인의 도덕과 윤리 의식, 그리고 가치관에 따른 선택이다. 그러나 막상 내부 고발자로 용기를 발휘하는 일이 쉽지만은 않다.

첫째, 기밀누설과 명예훼손을 고려치 않을 수 없다. 자신의 법적 불이익은 물론 불법 행위와 무관한 동료의 피해를 생각해야 하기 때문이다.

둘째, 주위의 따가운 시선과 배신자라는 비난 때문이다. 이러한 비난은 향후 조직 생활에도 심각한 영향을 미치기에 망설이게 된다.

마지막으로 내부 고발의 영향력이다.

'내가 조직의 비리를 고발한다고 과연 조직이 변할까?'라는 의심을 떨쳐 버릴 수 없기 때문이다. 비리가 곳곳에 만연한 상태에서 고발 자체가 묻혀 버리거나 또는 일시적 효과에 그치고 말 것이라는 생각을 하는 것이다. 이런 회의적인 생각이 내부 고발에 대한 의지를 꺾어 버린다.

이처럼 내부 고발은 현실이라는 높은 벽과 마주하게 된다.

사회적 편견과 각종 불이익은 물론이고 경우에 따라선 신변의 위협까지 감수를 해야 한다. 거대 기업이나 조직에 맞서는 개인의 고발은 계란으로 바위 치기처럼 여겨진다. 다윗과 골리앗의 싸움처럼 무모하게 인식되기도 한다.

내부 고발자의 용기는 제대로 대접을 받고 있는가

내부 고발은 사실 자신이 몸담은 조직의 치부를 들추는 일이다. 비리를 묵인하거나 모른 척 넘길 수 없기에 자기희생을 감수하고라도 결단을 내리는 행위이다. 사회질서를 바로잡고 조직의 더 나은 미래를 위해 용기를 내는 것이다.

그렇다면 그 용기는 제대로 대접을 받고 있는 것일까? 내부 고발이라는 메스로 부패의 상처를 잘 도려내고는 있는가?

안타깝게도 그렇지 않다. 오히려 배신자로 낙인찍힌 사례가 많다. 그 용기가 조직 내에서는 일탈 행위로 간주 되어 인사상, 신분상 불이익을 당하기까지 한다.

이문옥 감사관은 재벌그룹과 감사원의 민관유착 비리를 고발하였다. 칭찬받아 마땅한 행위가 도리어 공무상 기밀누설죄가 되어 구속되고 파면 처분을 받았다. 그 후 대법원의 무죄판결이 내린 뒤에야 비로소 명예를 회복하였다.

1992년 군 부재자 투표의 부정을 고발한 이지문 중위, 2000년 인천 국제 터미널 부실시공을 폭로한 정태원 감리, 성추행을 조직적으로 은폐 비호한 동료 검사를 고발한 현직의 모 검사…….

수많은 내부 고발자들이 양심선언을 하였다. 그러나 대다수는 악의적 보복으로 고통을 받았다. 조직을 지키려는 의지는 묵살되고 오히려 조직을 떠나야 하는 불이익을 당했다. 더러는 배신자라는 따가운 시선 속에서 살아가야 했다.

내부 고발자들은 마땅히 옳은 일을 했다. 그럼에도 조직 내에서 마녀사냥을 당하고 '왕따'와 '아웃사이더'가 되기 일쑤다. '동료 팔이다' '관종(관심을 받고 싶은 마음이 지나쳐 병적인 상태)이다' 라는 말로 수모를 당하기도 한다.

정당한 내부 고발은 정의와 깊이 연관되어 있다

조직과 사회의 불공정, 그리고 불법에 맞서 싸우는 이유는 바로 정의의 가치를 지키려는 몸부림이다. 따라서 내부 고발자는 칭송받아 마땅하다. 이들을 적극적으로 보호해주는 것은 사회의 책무이다.

그러나 오히려 보복을 당하고 있는 실정이다.

서구 사회에서는 어떤가. 내부 고발자를 보호하는 제도가 이미 마련되어 있다.

미국은 약 30여 개의 전문 영역에서 법률적 보호망을 갖추고 있다. 그중 2010년 발효된 '도드 프랭크법'은 금융위기의 재발을 막기 위한 금융 관련 법안이다. 내부 고발자에 대한 차별이나 보복 행위에서 보호함은 물론, 신고자의 익명성을 철저하게 지켜준다. 만약 신고자의 신분이 예기치 못하게 드러나 불이익을 당하게 되면, 국가가 직접 개입한다. 신고를 당한 기업이 각종 인사 처분을 하지 못하도록 45일간 인사 처분 제한 기간을 둔다. 그외 부당한 처우에 대해서는 강력하게 개입한다.

우리나라의 내부 고발자 보호 제도는 어떨까

'부패방지법'이 2001년 제정되었다. 공직자 및 공공 기관과 관련된 부패 행위를 근절하려는 취지로 제정된 법이다. 또한 내부 고발자를 보호하려는 목적도 갖고 있다.

신고자가 조직으로부터 신분상 불이익을 받지 않도록 보호 조항도 두고 있다. 혹 신고 내용 중 신고자의 범죄 혐의가 드러날 경우 법적 감형을 받거나 면제를 받을 수 있다. 또한 신고자가 신변에 불안을 느낄 경우 신변 보호까지 받을 수 있다. 법의 범위 안에서 신고자를 보호하고 보상하려는 것이다.

하지만 변하지 않는 것은 내부 고발에 대한 우리 사회의 인식이다. 우리는 여전히 부정적인 시선을 가지고 있다.

한 리서치 기업에서 전국의 성인 남녀 1,000명을 대상으로 실시한 설문 조사에서 응답자의 87.6%는 내부 고발 문화의 정착이 필요하다고 하였다. 10명 중 9명은 내부 고발의 중요성을 주장하였다. 93%가 내부 고발자의 용기를 응원하였다. 그러나 81.9%가 내부 고발자는 따돌림을 받을 것이라고 응답하였다.

우리 사회는 부정에 대해서는 상당히 예민하게 반응을 한다. 부정이 만천하에 드러나길 원하고 있고, 또 세상이 바뀌어야 한다는 것에도 동의한다. 그러나 아이러니 하게도 우리의 정서는 내부 고발자에 대해서만큼은 관대하지 못하다.

일례로 매스컴에 등장하는 지도층의 비위에 대해서는 죽이니 살리니 하며 격렬하게 분개한다. 모두 정의로운 사회를 그만큼 갈망하고 있기 때문에 목에 핏대를 세우는 것 아닌가. 그러나 정작 본인 스스로 내부 고발자로 나서는 것에 대해서는 회의적이다.

영화 속 박대익 중령이 세상을 향해 호루라기를 불지 않았으면, 조직의 비리는 영원히 묻혔을 것이다. 그리고 끊임없이 반복되었으리라.

우리 사회가 지금 누리고 있는 정의는 희생의 결과물이다. 오늘날 정의의 한 축은 내부 고발자의 희생이 있기에 가능했다. 이제부터라도 더 많은 내부 고발을 통해 음성적으로 행해지는 불법과 비리들이 속속 드러나야 한다.

내부 고발이 소중하게 받아들여져야 정의는 단단해지는 것이다. 설사 자신은 용기가 없어 나서지 못할지언정 삐딱한 시선으로 내부 고발자를 바라보는 태도부터 멈춰야 한다. 또한 내부 고발에 대해 비겁하게 관망하는 자세도 버려야 한다. 그들의 용기를 적극적으로 지지하고 공감하여야 한다.

어떻게 세상이 정의로워질 수 있을까, 라는 무거운 질문을 던져 본다.

정의로워지기 위해서는 개개인이 알고 있는 정의를 이웃과 손을 맞잡고 나눠야 한다.

그 나눔 중 하나가 바로 내부 고발이다.

그렇다.

어느 한순간 또는 어느 한 사람이 정의를 세울 수는 없다. 누구든지 또는 언제든 내부 고발자가 될 수 있다는, 되겠다는 생각이 세상을 정의롭게 만든다.

새치기와 부정 청탁의 연관성

정의는 인간의 존엄성을 향해 열려 있다.

한 개인은 물론 공동체의 존엄을 위한 절대적인 가치가 정의이다. 이 정의를 지키고 유지하는 힘은 서로의 합의에 의한 약속, 곧 질서이다. 따라서 정의와 존엄, 질서는 긴밀하게 연결되어 있다. 어느 하나가 무너지면 도미노처럼 연속적으로 위태로워진다.

과속, 신호 위반, 위협 운전, 난폭 운전…….

평상시에는 차분한 성격인데 운전대만 잡으면 공격적으로 변하는 사람들이 있다. 잠자던 경쟁의식이 살아난 듯 카레이서 흉내를 낸다. 양보와 관용은 집이나 사무실에 따로 놓아뒀을까. 자존심 대결이라도 하는 양 도로 위의 폭군이 된다.

정체가 심한 출퇴근 시간, 무조건 차량 앞부분부터 밀어 넣는 운전자가 있다. 양보를 해주면 고맙다고 비상 깜빡이를 켜는 것이 기본 매너 아닌가. 하지만 인사치레는 고사하고 마치 경쟁에서 승리한 양 거드름을 피우는 모양새를 보면 무례하기 짝이 없다. 양보해줬는데 팬스레 손해를 본 거 같은 느낌. 이런 경험은 누구나 가지고 있을 것이다.

급한 일이 있는 것처럼 비상등을 깜박이며 버스 전용 도로를 내달리는 이들도 심심찮게 눈에 띈다. 1년 중 정체가 가장 심한 명절에는 이런 얌체족들이 더욱 기승을 부린다. 소수의 무질서로 인해 전체가 피해를 보는 형국이다.

2년 전 여객선을 이용해 제주도 여행에 나섰을 때의 일이다.

자정 무렵 여객선 터미널에 도착하였다. 출항은 새벽 1시 30분. 2등실과 3등실은 따로 객실 좌석이 지정되어 있지 않다. 먼저 배에 오른 사람에게 우선권이 있다. 일찌감치 표를 끊고 줄을 섰다. 시간이 지날수록 줄은 점점 길어졌다.

그런데 갑자기 중년의 여인이 앞으로 불쑥 끼어들었다. 앞사람과 다소 틈을 벌리고 있었는데 그 사이를 비집고 들어온 것이었다. 어이가 없어 쓴웃음을 지었다. 정작 기막힌 일은 그 후에 벌어졌다.

"이리로 와!"

줄의 끝에 서 있는, 아들로 보이는 아이에게 손사래를 쳤다. 아이는 난감한 표정으로 주위를 둘러보며 머뭇거렸다. 그럴수록 여인의 목소리는 커졌고, 거칠어졌다. 아이는 결국 욕까지 얻어먹으며 여인의 새치기에 가담했다.

1960년 서울역 압사 사건은 과거 우리 사회의 미숙한 단면을 보여준다.

명절을 앞둔 1월 26일 밤 11시 45분 목포행 호남선 열차. 귀성객들이 열차에 먼저 오르려고 지하 계단을 달리다 넘어지면서 발생했다. 31명이 사망했고, 49명이 부상을 당했다. 무질서가 빚어낸 희대의 참상이었다.

비슷한 무질서의 모습은 우리 사회에 꽤 오랫동안 지속되었다. 출퇴근 시간이면 버스가 정류장에 도착하기도 전에 우르르 달려가 아귀다툼을 벌이며 버스에 오르곤 했다. 먼저 오르기 위해 실랑이를 벌이는 일은 다반사고 심지어 주먹 다툼으로 이어지기도 했다. 새치기를 흡사 눈치 빠른 처세의 방법인 양 자랑거리로 여기곤 했다.

하지만 지금은 어떠한가. 아무리 번잡한 출퇴근 시간일지라도 길게 줄을 서서 기다린다. 은행 등의 창구에서는 번호표로 차례를 지키도록 유도하고 있다. 줄서기는 이제 상식이 되었고, 당연히 지켜야 할 관례로 자리 잡고 있다.

외형적 새치기는 줄었으나 은밀한 새치기는 줄지 않았다

어찌 보면 외형적 새치기는 확실히 줄어들었다. 그러나 마음속의 은밀한 새치기는 여전히 벌어지고 있다. 사회적 지위를 이용하여 각종 편법과 불공정을 일삼는 것은 다반사이고, 불평등을 당연하게 여기며 새치기를 일삼는다. 이는 교묘하고 은밀하게 이뤄져 쉽사리 노출되지도 않는다. 그런 만큼 특혜와 청탁, 탈법으로 이어지고 있는

게 현실이다.

최근 필자는 병원 진료 과정에서 재미있는 경험을 하였다.

서울 모 국립병원이었다. 진료는 통상적으로 접수와 상담, 진료, 그리고 결과를 확인하기 위해 총 3번을 방문하는 절차로 되어 있었다.

사전에 전화 예약을 한 터였고, 그날은 신경과 진료를 받기로 한 날이었다. 일단 접수를 마치고 진료를 대기하고 있었다. 불현듯 '이 왕 올라왔으니 내과 진료도 받아야 겠다'라는 생각이 들었다. 간호 사에게 다가가 물었다.

"지방에서 올라왔는데 혹시 오늘 접수와 진료가 가능하겠습니까?"

간호사는 내과 진료 예약석의 담당에게 '이분 오늘 진료 받을 수 있도록 진료를 끼어 넣어 달라'고 부탁을 했다.

순간 생각이 복잡해졌다.

'이건 새치기가 아닌가? 에이, 괜찮아. 지방에서 왔다고 편리를 봐 준 거 같은데. 네가 직접 부탁한 것도 아니잖아. 그냥 눈 꾹 감고 모 른 척해.'

마음속에서는 지킬박사와 하이드가 싸우고 있었다.

'명색이 청렴 교육 전문 강사 아닌가. 새치기는 안 되지.'

결국 정상적으로 접수를 하였고 다음 달로 진료 날짜를 잡았다.

청탁 금지법상으로 보면 청탁이 실제로 이루어졌는가, 불발로 그

쳤는가, 결과로 판단하지 않는다. 청탁 행위 자체만으로도 간호사는 3천만 원 이하의 과태료 처분을 받게 된다. 국공립병원, 도립병원, 시립병원에 근무하는 사람은 청탁 금지법의 대상자가 되기 때문이다. 만약 간호사가 새치기를 도왔다면 범법 행위가 되는 셈이다.

부정 청탁의 금지, 금품 등의 수수 금지의 조합, 청탁 금지법

청탁 금지법이 2016년 9월 28일에 시행되었다.

당시 국민권익위원회의 김영란 위원장이 끊임없이 발생하는 공직자의 부패와 비리를 막고자 제안을 했다. 그동안은 공직자가 향응과 금품 수수를 하였음에도 법원에서 무죄를 연이어 선고 받았다. 대가성과 직무 관련성이 없다는 이유였다.

결국 기존의 법으로는 처벌의 한계가 드러나 법 제정에 나섰던 것이다.

부정 청탁의 금지, 금품 등의 수수 금지.

이 두 가지 핵심이 톱니바퀴처럼 어우러진 법 조항이다. 발의에서 시행 초기까지 엄격한 법 적용으로 논란이 있긴 했다.

사람들은 익숙하고 편한 것은 버리기를 주저한다. 그럼에도 이제는 우리나라의 청렴성을 높이는데 청탁 금지법이 지대한 역할을 하고 있다. 이 법에도 흔히 말하는 새치기를 금지하는 항목을 명시해 놓고 있다.

'누구든지 제3자를 통하여 직무를 수행하는 공직자 등에게 공공 기관이 생산·공급·관리하는 재화 및 용역을 특정 개인·단체·법인에게 법령에서 정하는 가격 또는 정상적인 거래 관행에서 벗어나 매각·교환·사용·수익·점유하도록 하는 행위의 부정 청탁을 해서는 아니 된다.'

청탁 금지법 제5조 1항 9조의 내용이다. 쉽게 말해서 공공 기관이 생산 공급 관리하는 재산적 가치가 있는 서비스 관련 분야에 대해서 거래 관행에서 벗어나 새치기를 하지 말라는 뜻이다.

비단 청탁 금지법에만 명시된 바가 아니다. 경범죄 처벌법 제3조 1항 36호에도 새치기를 금지하는 조항이 있어 위반했을 경우에는 벌금이나 구류 또는 과료에 처할 수 있다.

법적 조항이 있어도 은밀한 줄서기를 멈추지 못하는 이유

법으로 명확히 금지하였음에도 은밀한 줄서기를 멈추지 못하는 이유는 무엇일까?

그것은 과정의 공정함과 타인에 대한 배려가 없기 때문이다.

누구나 편리하고 쉽고 빠른 걸 좋아한다. 새치기의 이유는 수고를 줄인 채 목적을 성취하려는 의도에서 출발한다. 따라서 과정의 공정함과 타인에 대한 배려를 어찌 기대할 수 있겠는가. 이기심을 앞세운 탓에, 내 이익을 위해서라면 타인의 권리까지 침해 하겠다는 태도를 담고 있다.

한편으로는 문화적 소양과 사회적 분위기에 편승한 까닭이기도

하다.

소위 문화 후진국에 가면, 상상도 못할 무질서가 벌어진다. 마치 약육강식의 세계처럼 힘으로, 때로는 우격다짐으로 자신들의 목적한 바를 이룬다. 비리와 불법이 태연하게 자행된다. 교통 위반을 하면 당연시 돈을 요구하고, 서류를 처리하려고 해도 급행료를 내야 한다. 그야말로 줄서기를 하고, 법의 지침을 따르면, 나만 바보가 되는 꼴이다. 그러니 질서를 잘 지키는 사람들 또한 나만 손해를 본다는 생각을 하게 되는 것이고, 무질서가 판을 치는 것이다.

인터넷에 떠돌던 초등학교 시험 문제가 생각난다.

'불쾌지수가 높아지는 무더운 여름날 꼭 필요한 것이 무엇일까요?'

문제의 정답은 '배려의 마음'이었다. 하지만 거의 모든 아이들은 선풍기, 에어컨, 아이스크림이라고 하였다.

그렇다. 사회 구성원이 서로의 입장을 헤아리고 배려한다면, 줄서기는 마냥 늦고 불편하고 괴로운 것이 아니다. 오히려 우리 사회의 흐름을 원활하고 빠르게 한다. '배려의 마음'이 정답인 것처럼 우리의 미래인 아이들에게 반드시 가르쳐 줄 미덕이다.

제주도 여객선 터미널에서 만났던 아주머니의 태도가 두고두고 마음에 걸렸다. 아주머니는 자기만 줄서기를 지키지 않은 것이 아닌, 아이에게까지 끼어들기의 악덕을 가르친 꼴이다.

새치기를 하지 않고 질서를 지킨다는 것은 기회의 공정성을 유지한다는 것이다.

줄서기는 사회적 약속이다. 외형적으로는 사회의 흐름을 원활하게 만드는 질서이다. 내면적으로는 정의와 도덕에 닿아 있다. 각종 부정부패나 불공정들은 엄밀히 말해 질서를 깨뜨리는 행위이다. 정직한 줄서기를 포기한 채 불순한 끼어들기를 감행한 것이다.

정의는 인내의 산물이기도 하다.

욕망을 억제하며, 타인을 배려하고 인내하며, 정해진 법도와 관례에 따라 합당한 차례를 기다리는 것이다.

분명한 것은 새치기는 타인의 권리를 침해하는 이기적 행위라는 것이다. 자신의 권리를 앞세우고 새치기를 당한 타인의 입장을 고려치 않는 것이다.

질서를 지키는 자세, 새치기를 하지 않는 태도는 정의의 한 모습이다. 왜냐하면 타인에 대한 존중이 담겨 있기 때문이다.

정의로운 사회를 판단하는 잣대 중 하나는 질서에서 찾아볼 수 있다. 질서 준수가 상식이 되어 있다면 그만큼 정의로운 사회에 가까이 다가선 것이다.

피노키오의 길어진 코를
어떻게 줄일 수 있을까?

최근 모 대학 총장의 허위 학력이 알려졌다.

교육부 감사 결과 5개 학력 중 3개가 허위로 드러났다. 그는 학교 설립 때부터 무려 25년 동안 총장직을 맡아왔다. 거짓 학력으로 총장의 위치에 올랐고, 거짓을 마치 진실인 양 호도하며 총장직을 유지했다. 부끄럽게도 지성인을 가르친다는 대학에서 일어난 일이었다.

학위를 속이는 경우는 해외에서도 예외가 아니다.

미국무부 부차관보를 지낸 한국계 미국인 모씨는 하버드 경영대학원을 졸업한 것처럼 학력을 위조했다. 또한 활동 이력을 과장했다는 의혹이 제기돼 결국 사임했다.

학력이 그 사람의 능력을 의미하진 않는다. 그러나 허위 학력은 비틀린 인격이자 반사회적 행위임에 틀림없다.

학력을 속여 신데렐라를 꿈꾸는 일은 현실 세계뿐만 아니라 영화에서도 찾아볼 수 있다.

영화 〈세컨드 엑트〉의 주인공 마야는 한 유통회사에서 15년 동안 근무를 했다. 영업 실적이 타의 추종을 불허할 만큼 뛰어났다. 그러나 승승장구하는 동료들과는 달리 만년 부 매니저의 직급에 머물렀다. 이유는 단 하나, 바로 학력이었다.

그깟 대학 졸업장이 무엇이라고.

고졸이라는 꼬리표로 인해 매년 승진에서 누락되는 것은 이미 일상이 되었다. 하지만 더욱 참기 힘든 것은 팀장에게 비난과 멸시까지 받아야 했다. 결국 사직을 했다. 그러던 어느 날 대기업으로부터 면접 요청을 받는다. 그리고는 고위직으로 합격을 한다.

마야는 곧 이상한 점을 찾아냈다. 자신의 학력이 하버드대학 졸업으로 되어 있었던 것이다.

누가 자신의 학력을 허위로 기재했는지 깊은 궁금증에 빠지게 된다. 우연찮은 기회에 친구의 아들이 학력과 근무 경력 등을 위조해 대기업에 마야의 입사 지원서를 넣었다는 것을 알게 된다.

하지만 이미 엎질러진 물이었다. 의도하지 않았지만 그토록 꿈꾸던 일이었다. 결국 마야는 하버드대를 졸업하고, MBA 과정을 거친 사람으로 살아가게 된다.

마야는 시간이 갈수록 도덕적 결함을 느끼지 못했다. 과도한 신분 상승 욕구와 이기적 욕망에 이미 사로잡혀 버린 것이었다. 결국 자신과는 무관한, 하버드대학 출신이라는 허구의 틀에 갇혀 거짓말과 위선적 행동을 반복하였다.

이러한 반사회적 성격장애를 '리플리(Ripley)증후군'이라 한다. 미국 소설가 페트리샤 하이스미스가 1955년도에 쓴 소설에 나오는 주인공의 이름에서 유래되었다.

처음 타인을 속일 때는 어느 정도 죄책감을 느낀다. 그러나 이런 일들이 반복되면 죄책감을 상실하고, 결국 자신마저 속이게 된다. 성취욕은 크지만, 실제로 성취 능력을 갖추지 못한 사람에게서 나타나는 현상이다. 이들은 현실을 부정하고 거짓으로 만든 지위나 신분 등을 진짜인 것처럼 믿어버린다. 자기 절제 시스템은 망가지고, 죄책감도 느끼지 못하게 된다.

나를 향한 거짓말은 통제하기가 더 어렵다

거짓말은 통상 타인을 대상으로 한다. 거짓말을 할 때는 스스로도 거짓말을 하고 있다는 사실을 인식하고 있다. 거짓말이 드러날 경우, 주변의 인식과 법률적 제재 등 응분의 대가를 치르게 된다는 사실도 알고 있다. 따라서 타인을 향한 거짓말은 어느 정도 자기 절제가 가능하다. 죄책감 또한 느끼고 있기 때문이다.

그러나 자신을 향한 거짓말은 다른 양상을 보인다.

타인이 견제 대상이 아니므로, 스스로 조심하고 검증하지 않으면 점점 수렁으로 빠져든다. 자신에게 하는 거짓말이기에 애써 설득할 필요도 없다. 또한 실체가 모호해 언제 어디서든 시간과 장소의 구애를 받지 않고 손쉽게 행할 수 있기에 수시로 거짓말을 하게 된다.

사람들은 자기 자신을 착한 사람으로 여기고 싶은 심리를 갖고 있다. 그러다 보니 자기중심적으로 프레임을 짜려고 애를 쓴다. 더불어 부정한 사고나 행동에 대해 스스로를 쉽게 합리화 시키려고까지 한다. 이러한 과정이 반복되면 점차 죄책감이나 불안감을 느끼지 못하게 된다.

그렇다면 사람들은 타인의 거짓말에 대해서 어떻게 반응할까?

세계 38개국의 관리자를 대상으로 다음과 같은 물음을 던졌다.

"친구가 교통사고를 냈다. 과속을 했고, 당신 외에는 목격자가 없었다. 당신은 법정에서 친구의 과속을 사실대로 증언할 것인가?"

경제학자 폰스 트롬페나아스는 그의 지서 《보행자는 죽었는가?》에서 설문 조사 내용을 밝혔다.

미국, 영국, 캐나다 등 서구권에서는 90% 이상이 사실대로 증언하겠다고 했다. 아시아권에서는 이보다 적었다. 싱가폴과 일본은 각각 67%, 중국은 48%였다. 하지만 우리나라는 26%만이 진실을 말하겠다고 답했다.

거짓말은 도덕성의 한 잣대이다. 설문 조사 내용을 두고, 우리나라의 도덕성이 떨어진다고 단정할 수는 없다. 도덕이 문화적 특성을 반영하기 때문이다. 조사 결과는 특히 관계성을 중시하는 우리의 문화적 토대에서 비롯된 것으로 파악할 수 있다.

사실 우리는 거짓말에 관대한 측면이 있다.

조선시대 황희 정승은 어느 날 머슴들이 싸우는 것을 보았다. 머슴들이 시시비비를 가려달라고 요청했다. 황희 정승은 "이쪽의 말도 맞고, 저쪽의 말도 맞다. 모두의 말이 맞다"라고 했다.

채근담에서는 '남의 거짓말을 알아도 이를 입 밖으로 내지 말라'고 했다. 단지 거짓말에 대한 비밀 엄수를 의미하는 것은 아니다. 원만한 관계를 위해서, 또는 애매한 입장에서는 관대한 입장을 취하라는 것이다.

거짓말에 대한 관대함이 내부 고발자를 비난하는 시선의 원인

이렇듯 우리 문화 속에는 예나 지금이나 거짓말에 대한 관대함이 깊숙이 자리하고 있다. 정의로운 사회를 위해서 결코 바람직한 모습은 아니다. 조직의 비리를 세상에 알리는 내부 고발자에 대한 차가운 시선 역시 그 관대함에서 비롯되기 때문이다.

거짓말을 관대하게 대하는 풍토는 개인의 관계를 유지시킬지는 몰라도 공동체의 안녕을 위협하는 칼이 된다. 이러한 풍토 탓에 신뢰가 무너지는 것이다. 아니 이미 곳곳에서 불신의 장벽은 높고 견고해지고 있다.

한국 보건사회 연구원은 19세부터 80세까지 약 5,000여 명을 대상으로 사법부의 신뢰도에 대한 설문 조사를 실시했다. 조사 결과 58%가 사법부를 신뢰하지 않는다고 하였다.

죄와 벌, 선과 악을 심판하는 사법부를 믿을 수 없다?

불신은 공정성과 평등에 대한 의심이며, 이는 정의를 심각하게 훼손한다.

비단 사법부만이 아니다. 언론, 정치, 경제와 교육 등 모든 분야를 비롯한 문제이다. 사회 전반에 만연한 불신이 어디에서 기인하는지, 그 해결 방도는 무엇인지 진지하게 고민해야 한다. 이를 위해 불신의 뿌리는 거짓이라는 점을 인정하고 엄정하게 대처할 필요가 있다.

니체는 '자기 생존을 위해 거짓말을 한다'고 하였다.

어찌 인간뿐이겠는가. 위기에 처한 곤충은 거짓의 일종인 죽은 척을 한다. 변색의 대가인 카멜레온은 감정 상태와 생각에 따라 이리저리 색을 바꾸면서 위장술을 사용한다. 도마뱀은 스스로 꼬리를 잘라내지만, 이 역시 적을 속이는 일종의 기만 행위이다.

그렇다면 우리의 거짓말은 니체의 지적대로 생존을 위한 것일까? 순순히 동의하기 어렵다. 우리의 거짓말이 단순히 생존을 목적으로 삼지 않기 때문이다.

인간이면 누구나 돈 많고, 높은 위치에 오르고 싶어 한다. 그러나 욕망을 이루기 위한 열정적인 노력 대신 거짓으로 적당히 타협하는 경우가 많다. '뭐 이정도 쯤이야', '어쩌다 한 번 한 것인데'라며 자기를 속이는 것이다. 결국 타인에게 피해를 주며, 사회에 악을 끼치게 된다.

'국가와 부의 경쟁력은 한 사회가 고유하게 지닌 신뢰의 수준에 의해 결정된다. 거짓말이 난무하는 사회, 신뢰가 없는 사회는 경쟁

력이 없다.'

미국 스탠퍼드대학의 프랜시스 후쿠야마 교수가 《TRUST》라는 저서에서 밝힌 내용이다.

15개의 자회사를 갖고 있는 재벌이 있었다. 우리가 널리 알고 있는 양심적 기업으로 평가받는 곳이다. 그러나 자회사 중 한 곳에서 허위 광고를 했다. 그 결과 재벌 전체의 신뢰도를 떨어뜨렸고, 기업의 실적에 막대한 손실을 끼쳤다.

후쿠야마 교수의 지적대로, 신뢰가 경쟁력이다. 역설적으로 거짓은 패망으로 이르는 지름길이다.

개인이든 공동체든, 사소하든 막대하든 거짓말은 스스로를 찌르는 칼이 된다. 신뢰가 무너지고, 정의가 훼손되기 때문이다.

피노키오의 코는 거짓말을 할수록 길어진다.

그 코를 원래대로 돌이키는 건 관대함이 아니다.

정직을 말하는 것이다.

그래야 불신이 신뢰로 바뀔 것이고, 그 신뢰가 정의로운 사회를 만들 것이다.

정든 친구가 떠날 때 주는 전별금이
뇌물이라고요?

전남 순천시에는 '죽도봉'이라는 공원이 있다.

약 100미터 높이의 공원 정상에 '팔마비'라는 이름의 비석이 있다. 말 한 마리가 앞다리를 들고 금방이라도 뛰어 나올 듯한 기세로 하늘을 향해 서 있다. 팔마비에는 특별한 이야기가 전해진다.

고려 충렬왕 때 승평부, 현재 순천 지역의 수령을 지낸 최석(崔碩)이라는 인물이 있었다. 부사로서 선정을 베풀다 다른 지역으로 발령이 나서 떠나게 되었다. 순천 주민들은 관례대로 이삿짐을 싣고 갈 말 여덟 필을 바쳤다.

부사가 떠난 어느 날 말들이 다시 돌아왔다. 전임 부사가 되돌려 보낸 것이었다. 기이한 건 한 마리가 늘었다는 점이었다. 이삿짐을 싣고 간 여덟 필 중 하나가 새끼를 낳았고, 새끼를 포함해 아홉 필이 된 것이었다.

주민들은 크게 감동을 받았고, 비석을 세워 최석의 청렴함을 기린 것이 팔마비였다.

여덟 필의 말은 전별금 형식의 기증이었다. 당시에는 돌려주지 않는 것이 오히려 관행이었다. 그러나 최석은 옳지 않은 관행으로 여겼고, 이후 승평부에서는 전별금이 사라졌다.

오랫동안 사귀었던 정든 내 친구여
작별이란 웬 말인가 가야만 하는가

스코틀랜드 민요 '석별의 정'으로 알려진 올드랭 사인(Auld Lang Syne)이다. 이별의 자리에선 어김없이 불려지곤 한다.

인간사에서 이별은 피할 수 없는 과정이다. 직장에서도 마찬가지이다. 부서 이동, 이직, 퇴사……. 한 사무실에서 미운 정 고운 정 다든 동료와의 이별은 아쉽기 짝이 없다.

그 아쉬움을 전하기 위해 조직 내에서 공식적인 행사를 준비하거나 사적으로 자리를 마련한다. 때론 마음만으로 부족해 금품을 주기도 하는데 이를 전별금이라고 한다.

전별금은 이별의 안타까움을 마음으로 전하는 작은 나눔이었다. 차비에 보태 쓰라거나 가는 도중에 식사를 하라는 의도로, 정이 많은 우리 민족의 미풍양속으로 시작되었다. '사람은 모름지기 예의를 지켜야 하는데 그중 하나가 길 떠나는 사람에게 전별금을 줘야 한다'라고, 맹자 역시 전별금의 취지를 설명했다.

하지만 이별에 대한 마음의 표시였던 전별금이 시간이 지나면서 그 의미가 왜곡되기 시작했다. 특히 조선 후기를 거치면서 착취와 뇌물의 수단으로 전락하였다.

한 고을의 수령은 그 지역의 절대적인 존재였다. 주민의 의사가 반영된 선출직이 아니라 과거시험을 통한 임명직이었다. 시험 과목은 사서오경을 기반으로 한 유교적 학문이었다. 그러다 보니 시험 과목에 없는 치안과 법률, 조세 등 일반 행정 업무에 대해서는 경험과 전문성이 떨어질 수밖에 없었다.

예컨대 돌쇠가 한밤중에 옆집 담을 넘어 된장을 훔치러 갔다. 그만 담이 무너져 발각이 되었다. 훔칠 의도를 가졌으니 '절도 미수죄'로 투옥할 것인가. 담장을 무너뜨렸으니 '재물 손괴죄'로 죄를 물을 것인가. 곤장은 몇 대로 다스릴 것인가.

사서오경에 나와 있지도 않고, 현장 경험도 부족한 수령으로선 선뜻 결정할 수 없었다. 또한 수령의 임기는 통상적으로 1년인지라 세세한 업무까지 파악하기가 어려웠다.

결국 지방의 토착 세력인 향리들에게 의존할 수밖에 없었다. 그러다 보니 향리들은 오랜 경험으로 습득한 지식을 빌미로 기득권을 누리며 온갖 농간을 부렸다. 수령보다 막강한 권세를 행사하였다. 지금으로 말하면 향리는 비선의 실세였다.

수령이 임기를 마치고 떠날 때는 신임 향리(이방)를 미리 추천하였다. 사실상 낙점이나 다름없는 요식적인 행위였다. 이방들은 연임하기 위해 갖은 방법을 동원하기 시작했고, 수령의 전별금이라는 명목으로 백성들을 가혹하게 착취했다. 그렇게 거둔 돈을 바치면서 전별금은 뇌물로 변질되었다.

일그러진 전별금의 역사는 지금도 이어지고 있다

모 부처 간부가 직장 안팎에서 전별금 명목으로 750만 원을 받아 직위가 해제된 적이 있다. 업체 관계자에게 250만 원짜리 진주 반지 1개를, 직원에게 현금 100만 원과 200만 원 상당의 황금 열쇠를 받았다 한다.

16년 동안 재직하다 퇴직한 모 교회 목사는 공개적으로 선언했다. "본인은 관행적으로 교회에서 이루어지고 있는 전별금을 받지 않겠습니다."

당시 언론에서는 '착한 은퇴'라며 찬사를 보냈다. 그러나 실상은 달랐다. 매달 730만 원 가량을 월급 형태로 지급받았다. 게다가 17억 원 상당의 아파트와 8억 원의 사무실 제공은 물론 차량 렌트비로 월 65만 원을 교회로부터 지원받았다. 더욱 놀라운 것은 본인이 연금 형식을 원했고, 교회 측에서는 그간 공로를 생각하여 생활비 명목으로 지급한다고 했다

군대도 예외는 아니다.

과거 사법시험 합격자, 그러니까 로스쿨을 졸업하고 변호사 시험

에 합격한 사람 중 지원을 받아 법무 장교로 3년을 근무하는 제도가 있다. 이들은 동기 회비라는 명목으로 돈을 걷었다. 동기 회비가 무슨 문제라도 있겠는가라고 반문하겠지만, 금액이 상상 이상이다. 한 사람이 70만 원 가량의 금액을 낸다고 했다. 한 기수 당 100명을 어림잡아도 7천만 원이라는 돈이 모이게 되는데, 이 많은 돈의 사용처가 놀라웠다.

입대해 기본교육을 마치고 나면 배치를 받는데 교육생들이 근무지를 제비뽑기로 정한다는 것이다. 도심권이 아닌 낙도나 오지에 발령이 난 동기에게는 위로금 형태로 동기 회비를 지급했다. 도서 지역은 3천만 원, 특정 부대는 2천만 원 등 전별금 명목으로 발령지에 따라 몰아줬다는 것이다. 전별금의 본래 의미가 아닌, 제비뽑기에서 운이 나쁜 동료에게 주는 위로 보험금인 셈이다.

충청남도 모 읍에 근무하는 읍장은 인근 시청으로 발령이 났다.

송년회에 맞춰 전출 행사를 했다. 마을 이장 협의회는 섭섭한 마음에 그냥 보낼 수 없다며, 71명의 이장들이 돈을 모아서 전별금으로 30만 원을 제공했다. 문제가 불거지자 읍장은 이장 협의회에서 그간의 정리를 표시한 것일 뿐 직무 관련성이 없다고 읍소를 했다.

산술적으로 71명의 인원을 30만 원으로 나누면 4,200원 꼴이다. 상당히 작은 액수이지만 결국 두 배에 해당하는 60만 원에 과태료를 부과받았다.

전별금은 사실 전혀 알지 못하는 사이에서는 주고받을 수 없다.

직장 동료든 일반인이든 대부분 업무와의 연관성이 있다. 오늘 이별할지라도 내일 다시 만나 업무 관계가 이어질 수 있는 게 직장생활이다.

전별금의 폐해는 단순히 금액의 문제가 아니다. 전별금은 미래를 위해 우호적 관계를 유지하기 위한 안전장치 역할까지 한다. 전별금 관행을 철저히 외면할 수 없는 이유이기도 한 것이다. 그 이면에는 복잡하게 연결된 거래 관계가 있기 때문이다.

단순히 석별의 정에 머물면 좋으련만, 그럴 가능성은 높지 않다. 금액이 오가는 행위 자체가 불공정과 특혜로 이어질 수 있기 때문이다.

안 주면 서운하고 주면 꺼림직한 전별금

청탁 금지법이 시행되고 시대가 바뀌었다.

물론 직무 관련성이 전혀 없으면 100만 원 이하는 받아도 처벌 대상이 아니다. 그러나 대가성이 인정될 경우 뇌물죄가 성립되어 형사처벌을 받는다.

직장 내에서 전별금은 특히 조심해야 한다. 직원 상호 간에는 퇴직하지 않는 이상 직무 관련성이 있기 때문이다. 특히 현금이나 유가증권 등은 사용할 수 없다. 단, 5만 원 이하의 선물로 석별을 정을 나누는 것은 괜찮다. 물론 상급자가 하급자에게 위로나 격려의 차원으로 제공하는 경우에는 가능하다. 그럼에도 역시 동기와 목적, 시기와 방법 등 여러 정황을 살펴 판단하여야 한다.

전별금, 아직도 주고 받는가?

현실에서는 참 껄끄러운 것이 전별금이다.

받는 사람 입장에서는 안 받으면 서운하다는 생각을 갖게 된다. '우리 관계가 고작 이 정도 였냐'라며 더러는 괘씸하다는 생각을 가지기도 한다. 그러다 보니 제공해야 하는 사람 입장에서는 꺼림직함을 떨쳐 버릴 수 없다. 필자 역시 많은 상황을 마주하였다.

물론 예전보다는 인식이 많이 바뀌었다. 하지만 공직 사회나 공공 기관을 비롯해 민간 부분까지 여전히 음성적으로 남아 있는 실정이다.

은밀하고 끈질기게 생명을 유지하는 것은 관습적인 부분도 있겠지만, 무엇보다 미래 보장성 때문이다. 미래의 유리한 위치나 특혜, 불공정을 위해 미리 지급하는 급행료인 것이다. 향후 불이익을 막고자 하는 불손한 의도가 담겨 있기 때문이기도 하다.

전별금은 그 순수한 의미, 즉 이별의 정마저 수단으로 전락시킬 위험을 갖고 있다.

전별금의 본래 가치는 관계에 있는데, 어느 순간 관계의 가치가 거래의 수단이 되고 있는 것이다.

예컨대 돈이나 물질로써 관계의 깊이를 측정하는 것은 거래 행위 아닌가. 거래가 되는 순간 전별금은 순수성을 잃어버리고 은밀한 거래를 시작하는 셈이다.

우리 사회에 정의가 바로 서기 위해서는 관계가 수단이나 목적으로 전락되어서는 안 된다.

권위 있는 사람, 권위적인 사람

'따르릉.'

입원 환자들로 정신없는 간호사실에 전화 한 통이 걸려 왔다.

"저는 닥터 김입니다. 다름이 아니라 약물 효과를 알아보려는데 A 환자에게 지금 주사를 부탁합니다."

의사가 요구한 약물은 최대치의 두 배나 되는 양이었다. 전화를 받은 간호사는 동료에게 "혹시 닥터 김이라는 선생님, 아시는 분 계세요?"라며 주변을 둘러보았다. 아는 사람이 없었다.

과연 간호사는 어떤 행동을 했을까. 주사를 놓았을까 아니면 의사의 지시를 따르지 않았을까.

상식적으로 의사의 처방전 없이 약물을 투여해선 안 된다. 하지만 예상을 깨는 행동이 일어났다. 전화를 받은 간호사들 95%가 전화 속 의사의 지시를 충실하게 따랐다.

이러한 상식과 원칙에서 어긋난 행위의 이유는 무엇일까. 95%의

간호사들이 꼽은 이유는 의사의 권위였다. 권위로 말미암아 사실 여부를 확인조차 하지 않은 채 맹목적으로 따랐던 것이다.

우리 사회는 오랫동안 유교의 영향권 안에 있었다. 유교적 가르침은 개인의 가치관과 도덕은 물론 국가의 통치 이념으로 자리 잡았다. 유교 전통에 기인한 위계질서를 중요하게 여겼고, 윗사람의 지시나 명령에 순종해야 한다는 인식이 강했다.

우리는 어릴 때부터 맹목적인 복종을 학습 받았다. 어른의 말에 토를 달거나 반항을 하면 나쁜 아이라는 반복된 교육을 받으며 성장해왔다. 그 어른이 올바른 행동을 하든 안 하든 상관없이 무조건 말을 들어야 착한 어린이로 인정받았다.

어느 날 마트에서 목격한 상황이다.

한참 쇼핑을 하고 있는데 장난감 코너에서 7살쯤으로 보이는 아이가 떼를 쓰고 울고 있었다. 장난감을 가리키며 사달라고 울먹이는 아이에게 엄마는 말했다.

"너, 다시는 마트에 안 데리고 올 거야."

엄마의 말 한마디에, 아이는 조용해졌다. 무엇 때문에 안 되는지에 대한 설명이 필요 없이 단박에 상황을 종료시켜 버린 것이다.

연장자의 권위는 당연히 존중받아야 한다. 그러나 나이가 모든 판단의 잣대가 될 수는 없다.

"너 몇 살이야?"

"어린 게 어디서 말대답이야?"

모르는 사람과 다툼이 벌어졌을 때 흔히 듣는 말이다.

무리하게 끼어드는 운전자와의 싸움에서도 감정이 상하면 나이에 대한 물음이 튀어나온다. 싸움의 핵심이 운전 잘못에서 나이 분쟁으로 넘어간다.

나이가 많은 사람은 무례하게 행동해도 된다는 것인가? 나이가 적은 사람은 무조건 잘못한 것인가? 또는 잘못을 따지면서도 공손해야 한다는 말인가? 모두가 뒤틀어진 권위의 모습인 셈이다.

권위에 무조건 복종할 수밖에 없는 사회

직장에서도 마찬가지다. 상명하복의 풍조가 미덕인 양 받아들여지고 있다.

상급 부서 또는 상급자가 부당한 행위로 법의 테두리를 벗어나더라도 어쩔 수 없이 따라야 하는 경우가 많다. 논리적으로 반박이라도 하면 당장 위협적인 경고를 듣게 된다.

"회사 그만두고 싶냐?", "승진 포기한 거야?", "개념이 없다", "불평 불만이 많다" 등등. 단순히 경고에 그치지 않고, 직간접적으로 여러 가지 피해를 받게 되니 뻔히 알면서도 복종을 할 수밖에 없다.

군이나 경찰 등 계급으로 위계가 확실한 집단에서는 더욱 심하다. 사회적 서열이나 신분의 차이가 명확하게 형성된 직업의 특성상 윗사람의 지시에는 무조건 복종할 수밖에 없다.

얼마 전, 군 훈련소에서 있었던 일이다.

점호 시간에 생활관 점검을 하던 중대장은 두 개의 좌변기에 물이 안 내려간 것을 확인하였다. 화가 난 중대장은 150여 명의 훈련병에게 변기에 남아 있는 변을 손가락으로 찍어 먹으라고 명령을 했다. 상상도 못 할 일이지만 절반 이상의 훈련병은 명령에 따랐다. 정신적 육체적으로 군대라는 낯선 환경에서 얼마나 두려웠으면 변을 찍어 먹으라는 부당한 명령에도 따랐을까 싶다.

우리는 사회의 관계 속에서 직접적 또는 암묵적 권력에 지배당하며 살고 있다. 최근 큰 파장을 몰고 온 '해시태그 미투 운동(# Me too)'에서 실상을 볼 수 있었다.

권력을 가진 사람들이 저지른 성희롱을 참아야 했던 사람들이 있었다. 미투 운동은 사회 전체에 기폭제가 되어 그동안 고통 받고 있었던 사람들의 분노가 들불처럼 일어났다. 정치인을 비롯한 연극 연출가와 시인, 극작가, 유명 배우 등 사회적 공인들의 상상할 수 없는 추악한 행위들이 민낯으로 드러났다. 피해자들은 모두 항거할 수 없는 위세에 옴짝달싹 못하게 묶여 가냘픈 저항마저 포기하며 악몽 같은 시간을 보냈던 용기 있는 사람들이었다.

권위와 권위주의는 다르다

인간은 누구나 집단을 이루고 살아간다. 그리고 그 집단 내에는 위계와 서열이 형성되어 있다. 아빠, 엄마, 언니, 동생, 사장님, 상사, 부하, 선후배 등.

위계와 서열은 질서를 위한 불가피한 선택이다. 이 선택을 유지하고 온당한 방향으로 이끄는 동력이 권위이다. 그러므로 집단 내에서 권위는 반드시 필요하다.

아빠와 엄마는 자녀에게 권위가 있어야 한다. 권위가 없는 부모는 자녀의 존경을 받지 못할 뿐 아니라 자녀들을 올바른 방향으로 인도하지 못한다.

기업의 대표 역시 권위가 있어야 한다. 기업이 나가야 할 방향을 제시하고 성과를 내도록 지시하며, 직원이 즐겁게 일할 수 있도록 이끌어 주어야 한다. 권위가 없다면 직원들은 대표를 존경하지도 따르지도 않을 것이고, 회사가 좋은 성과를 내기도 힘들어진다.

특히 군대의 지휘관 권위는 절대적이다. 목숨을 다투는 전장에서 지휘관의 권위가 보장되지 않는 것은 곧 명령 체계의 붕괴를 의미한다.

권위는 그럴 만한 자격을 의미한다. 그러므로 권위가 있다는 것은 공정성과 우수성, 나아가 전문성을 인정받은 것이다.

예를 들어 전통 있는 신문에 실리는 기사는 공정하리라 믿는다. 최고의 운동 선수가 사용하는 운동 도구는 그 우수성을, 저명한 음악 평론가의 음반에 대한 리뷰는 전문성을 갖췄으리라 받아들인다.

그러나 어느 순간부터 권위가 무너지고 있다. 공정성과 우수성은 의심받고, 전문성은 외면당하고 있다.

정통 언론으로 여겨지던 미디어에 왜곡과 편향을 넘어 가짜 뉴스가 난무하고 있다. 공의를 앞세워야 할 판사가 특정 세력의 편에서 판결하고, 전문가는 상업주의에 편승해 과장된 정보를 제공하고 있다.

이는 권위를 권력으로 착각하기 때문이다.

우리는 주위에서 권위를 오해하고 남용하는 사례를 빈번하게 목격한다. 자신의 위치를 이용해 아랫사람의 권리를 박탈하고 착취하는 사람들이 얼마나 많은가.

이러한 일들이 반복되면서 권위는 더 이상 믿고 의지할 바가 못된다는 부정적 인식이 팽배해지고 있다. 결국 권위는 사라지고 권력, 즉 권위주의만 남는 결과를 가져오고 있다.

"그 사람은 권위주의에 사로잡혀 있어."

주위에서 종종 들려오는 평가이다. 권위와 달리 권위주의라는 말은 부정적 의미를 지닌다. 권위주의는 하나의 틀에 전체를 넣은 채 이해하고 판단하려고 든다. 권위와 무관한 사안임에도 권위의 잣대를 휘둘러대기 때문이다.

때론 상대를 힘으로 억압하기도 한다. 그리고 절차와 과정을 무시하기도 하고 반대 의견까지 차단을 한다. 도리 없이 강제, 횡포, 허세, 교만 등의 모습을 보인다. 단적으로 자신들의 권위에 어떤 시비도 걸지 말라는 경고이다.

그래서 권위주의는 위험한 것이다. 대다수가 힘의 논리에 집착해 반이성적 행동으로 치닫기 때문이다. 또한 권력으로 타인의 굴복을 강요하며, 과정과 절차는 불공정하게 이뤄진다. 곧 정의를 훼손시킨다.

따라서 우리 사회에 잠복한 권위주의는 청산해야 마땅하다. 그럼에도 대단히 조심하고 경계해야 할 점이 있다. 빈대를 잡자고 초가삼간을 다 태워버릴 수 있기 때문이다. 즉 권위주의 청산이 권위마저 부정해버리는 일이 되어서는 안 된다.

권위는 질서를 위한 것

유감스럽게도, 사회 곳곳에서 그러한 모습이 현실화되고 있다.

후배 경찰관이 자조와 푸념 섞인 이야기를 털어놓았다.

서해에서 불법조업을 하는 중국 어선을 단속하던 중이었다. 중국 어선이 갑자기 달려들더니 해양경찰의 고속단정을 들이받아 버렸다. 그만 단정이 전복되면서 경찰관이 바다로 튕겨나가 죽을 고비를 넘겼다.

"중국의 어선마저 우리 해양경찰을 우습게 보네요. 해양경찰의 권위가 추상같았으면, 그런 짓은 물론 감히 영해를 침범해 불법 조업을 할 엄두도 내지 못했겠죠."

그저 푸념에 그칠 일이 아니다. 비슷한 사례는 여기저기서 나타나고 있다. 음주 운전을 단속하는 경찰관에게 폭언을 퍼붓고 단속을 거부하는 이들이 있다. 심지어 경찰관의 뺨을 때리는 일까지 벌어진다.

경찰의 책임은 치안 유지이다. 이를 위해 합법적 절차에 따른 강제력을 행사할 수 있다. 이는 사회적 약속이다. 약속을 지키기 위해선 경찰에게 부여된 권위는 마땅히 존중받아야 한다.

권위는 질서를 위한 것이다.

사회 질서가 온당하게 지켜지는 것이 정의로운 사회이다. 권위가 무너지면 혼돈과 무질서의 사회가 되는 것이다. 결국은 정의가 뿌리 내릴 토양을 잃고 만다.

권위는 정의를 보호하는 안전장치이다. 그러나 권위를 왜곡한 권위주의는 경계해야 한다. 간호사의 사례에서처럼 의사라는 이유만으로 행해지는 무조건적인 복종, 군 중대장의 가혹 행위, 미투(Me too) 사건 등에서 드러난 권위주의는 청산되어야 한다.

혹여나 나에게 주어진 권위를 찬찬히 살펴 보아야 한다.

남보다 많이 주어졌다고 해서 함부로 휘두른다면 그것은 폭력이다. 또한 정의를 해치는 행위가 된다. 권위를 사용해 이익을 취하고, 상대를 착취하거나 상처를 주는 것은 권위 있는 사람이 아니라, 권위주의적인 사람이라는 것을 잊지 말자.

한 가지 주의 할 것은 권위를 권력으로 착각해서는 안 된다.

부모님의 권위를 따르자. 그러나 권위주의에 빠진 부모는 되지 말자.

대통령의 권위를 존중하자. 그러나 권위주의적 대통령이라면 서슴지 말고 비판하자.

권위주의를 몰아내는 것이 정의로운 사회로 가는 길이다.

역설적으로 권위가 존중받는 것 역시 정의로운 사회의 모습이다.

세금은 벌금이 아니다

연말 정산이 다가오면 바짝 긴장하게 된다.

누구는 상당 액수를 돌려받건만, 필자는 매년 일정 금액을 더 내야 한다. 올해도 그럴까봐 걱정이 앞선다. 추가 금액을 낼 때마다 속이 쓰리고 왠지 억울한 듯한 느낌은 필자만의 경험이 아닐 것이다.

가만히 생각해 보면 참 아이러니하다. 속이 쓰릴 바도, 억울한 일도 아니다. 법규를 위반한 것도, 운이 없어 내는 것도 아니다. 1년 수입 중 적게 지출해 세금공제를 받지 못했을 뿐이다. 돌려받는 사람들은 그만큼 많이 지출해 13월의 보너스가 생긴 셈이다.

필자가 경험한 일이다.

불법 어구를 사용해 조업하는 배를 적발한 적이 있었다. 단속 당시 선장은 "함정단속이다", "왜 내 배만 적발하냐"며 억울해 했다. 그물코가 촘촘한 어구로 치어까지 싹쓸이했으면서도 도무지 미안한 기색이 없었다. 심지어 "죽이든가 살리든가 벌금은 못 내겠다",

"차라리 배를 끌고 가라"며 뱃전에 드러눕기까지 했다.

법령과 규정을 위반하면 그에 따라 합당한 처벌을 받는다. 이는 정해진 이치이며, 지켜야 할 당연한 의무이다. 그럼에도 사람들은 관례인 양, 혹은 자신만 피해를 입은 것처럼 행동한다.

벌금은 누군가 등을 떠민 것이 아니라 스스로가 발생시킨 것이다. 불법이나 사회적 책무를 이행치 않은 점에 대해 대가를 지불하는 행위이다.

유사한 지불 형태로 세금을 들 수 있다. 세금과 벌금을 굳이 구분하자면 세금은 국민적 의무를 충실히 따르려는 의도이며, 벌금은 사회적 책무를 불성실하게 이행한 결과이다.

세금을 피하려는 사람들

국세청에서 2010년부터 2019년까지 고소득사업자 7,760명을 조사하였다.

최근 10년간 이들이 탈루한 금액이 10조 원에 달했다. 총 21조 2천억 원의 소득을 신고했어야 했지만, 실제로 신고한 금액은 11조 6천 9백억 원에 불과했다. 나머지 9조 5천억 원을 신고하지 않아 적발된 것이다. 10조 원이면 우리나라 국방예산의 20%에 해당하는 금액이다.

고소득사업자의 탈루 금액은 지난 10년간 3배 가까이 증가했다. 탈루의 형태가 그만큼 교묘해졌음을 의미한다.

새로운 유행과 트랜드가 하룻밤 새에도 생겨났다가 사라지듯 시시각각 변하는 복잡 다양한 사회이다. 그러나 보니 탈루 방법이 과거보다 더 악의적이고 지능적으로 발전하고 있다. 심지어 예전에는 볼 수 없던 신종 세금 도둑까지 나타나고 있다.

연예인 A씨는 해외 팬을 대상으로 국내에서 팬 미팅을 했다. 티켓을 판매한 매출액, 각종 상품을 판매한 대금을 부모의 차명계좌로 받았다.

어디 이뿐인가. 프로 운동선수 B씨는 부모 명의로 페이퍼컴퍼니를 만들었다. 이를 이용해서 가짜 세금계산서를 만들었고, 친인척 이름을 직원 이름으로 올려 탈세를 하였다.

유명 유튜버 C씨는 구독 조회수에 따른 광고 수익금을 구글에서 달러로 받았다. 국세청에서 파악하기 어려운 점을 착안해 수억 원의 이익금을 소득에서 누락시켰다.

이들은 기존의 과세 기준으로 포착하기 어려운 틈을 이용했다. 세법상 허점을 악용한 것이다. 또한 회계법인이나 대형 로펌 같은 전문가의 도움을 받는 등 지능적이고 계획적으로 탈세를 저질렀다.

지방소득세 8,700만 원을 체납한 한 사람은 아파트 명의를 아내 이름으로 변경하고 고급 외제차를 끌고 다니는가 하면, 골드바와 황금열쇠 등 귀금속을 세탁실 빨래 바구니에 숨겼다가 단속반에게 들통나는 어처구니 없는 일도 있었다.

2018년 금융소득이 1인당 1억 원이 넘는 미성년자가 1,771명이라는 통계가 나왔다. 그중엔 갓난아이도 포함돼 있었다. 아이가 금융소득이라니? 증여 과정에 따른 세금 탈루라는 의심을 피하기는 어려울 것이다.

탈세에 대한 비리는 역사 속에서도 찾아볼 수 있다.

조선 500년 역사가 몰락하게 된 원인 중 하나로 삼정(전정, 군정, 환곡)의 문란을 꼽을 수 있다.

전정은 매년 곡식이 익을 때 작황을 파악해 세액을 결정한다. 이때 양반들은 아전과 짜고 허위 작황 정보를 기입하거나 누락해 탈세의 도구로 삼았다.

군정의 횡포 역시 컸다. 노비를 제외한 16세 이상 남자에게 군역 면제 목적으로 부여하는 군포가 악용되어 '황구첨정'이니 '백골징포'니 하는 말이 널리 퍼질 정도였다.

환곡은 본래 농민 구제를 위해 만든 복지제도였다. 처음에는 빌려준 곡식의 10%까지 이자를 받았다. 하지만 재정이 어렵다는 빌미로 조세로 변질되었다. 급기야 19세기 초에는 이자를 90%까지 늘렸으니, 국가가 나서서 고리대금업을 한 셈이었다.

사회 지도층은 이러한 조세 정책을 악용해 탈세에 앞장섰고, 상민들은 뇌물을 이용하였다. 무지하고 힘없는 백성들은 세금 탈루의 도구가 되었다.

납세 의무는 국민 4대 의무 중 하나이다. 헌법 제38조에 '모든 국민은 법률이 정하는 바에 의하여 납세 의무를 진다'라고 되어 있다.

조세 평등의 원칙에 따라 많이 번 만큼 세금도 많이 내야 한다. 또 적게 벌었다면 생존권을 위해 세금 감면 등의 조치가 뒤따라야 한다. 부자의 소득은 적정 규모 안에서 세금으로 환수하고, 가난한 자를 위해 복지로 혜택을 주는 것이 정의로운 사회이다. 가진 자가 더 많이 갖기 위해 악착같이 버티며 편법을 동원한다면, 이 사회의 불평등은 날로 심화될 수밖에 없다.

세금을 많이 내면 운이 없는 것일까

혹자는 '뼈 빠지게 노력해서 돈을 벌었는데 너무 가혹하게 세금이 많다'라며 세금 탈루의 원인이 형평성의 문제에서 비롯된다고 불만을 터트린다.

한 걸음 더 나가 부자들은 감세까지 요구한다. 과연 많이 벌어 적게 내려는 태도가 형평성에 맞는 걸까? 이는 명백한 이기주의이며, 시대의 흐름을 역행하는 행위가 아닐지 자문해야 한다.

세금을 많이 내는 것을 단순히 '운이나 재수가 없어서'라고 여긴다면, 과연 온당한 생각일까?

세금은 벌금이 아니다. 그럼에도 사람들은 세금을 벌금 차원으로 생각하려는 경향이 깊다. 탈세는 여기서부터 비롯된다. 손해 본다는 생각 때문에 죄책감을 갖지 않는 것이다. 법을 어겼다는 죄책감이 부족하다 보니 더더욱 교묘한 방법을 동원하게 되는 것이다.

선진국의 사례는 우리와 다른 것을 볼 수 있다.

스칸디나비아 반도의 핀란드는 세계에서 가장 청렴한 국가이면서 복지국가의 대명사로 불리는 나라이다.

국민들은 수익의 50%를 세금으로 낸다. 탈세는 거의 일어나지 않는다. 세금을 당연한 의무로 여기기에 전혀 아까워하지 않는다. 어떤 식으로든 자신에게 돌아오기 때문이다. 예컨대 핀란드에서는 대학원까지 학비 없이 공부를 할 수 있다. 자신들이 기꺼이 납부한 세금으로 가능하게 된 복지의 혜택이다.

그러나 모든 국민이 똑같이 세금을 내는 것은 아니다. 소득에 따라 철저히 차등 납부한다.

2003년 어느 날 헬싱키 도심에서 있었던 일이다.

규정 속도 40킬로미터의 도로를 80킬로미터로 운전하다가 적발된 사람이 있었다. 범칙금이 무려 17만 유로. 우리나라 돈으로 2억 5,500만 원을 범칙금으로 낸 셈이다.

그 많은 세금을 낸 사람은 다름 아닌 핀란드 소시지 기업의 상속자인 살로스야였다. 그의 연간 수입은 700만 유로였고, 벌금 역시 소득에 따라 차등 적용된 것이다.

과속 한 번에 아파트 한 채가 사라진다고 생각하면 입이 쩍 벌어진다. 그러나 핀란드에서는 당연한 조치로 받아들인다. 소득이 많은 사람은 사회적 책임도 그만큼 져야 한다는 인식 때문이다.

핀란드는 수입을 기준으로 벌금을 매기는 '일수 벌금제'를 1921

년부터 시행했다.

시행 초기에는 사회 지도층이나 고소득자들의 저항이 만만치 않았다. 하지만 세금의 의미와 그 사용처가 분명해지면서, 지금은 세금 납부를 당연하게 받아들이고 있다.

'저 사람이 탈세하지 않고 정말로 세금을 잘 내고 있는가?' 핀란드에서는 이런 의심이 들거나 궁금증이 생길 때 언제든지 손쉽게 확인할 수 있다. 시청이나 구청에서 모든 사람의 세금 납부 내역을 상세하게 확인할 수 있기 때문이다. 누구나 열람할 수 있으니 탈세와 부패가 생길 여지가 없다.

세금을 많이 내는 것은 사회에 기여하는 것이다

세금은 사회를 통해 벌어들인 금액의 일정 부분을 사회에 돌려주는 것이다.

"너는 세금 많이 내서 좋겠다. 그만큼 벌었잖아"라는 말을 친구로부터 들었다면 어떤 기분일까?

그 말의 이면에 비아냥거림이 섞여 있다는 것쯤은 누구나 알 수 있다. 하지만 불쾌함을 느끼는 진짜 이유는 세금이 아닌 수입에 초점이 맞춰졌기 때문이다. 시각을 달리해보면, 그만큼 사회에 기여한 바가 크다는 의미이므로 즉, 세금 자체에 집중한다면 칭찬받을 일인 것이다.

세금을 많이 낸다는 것은 그만큼 이 사회가 잘 돌아가는 역할을 힌디는 의미이다. 내가 낸 세금으로 국방도 지키고, 환경도 보호하고, 어려운 이의 복지를 도왔다는 생각을 해 보자. 아마 사회에 무언가 기여했다는 생각이 들 것이다. 따라서 세금을 많이 낸다는 것은 억울한게 아니라 자랑이어야 한다. 하지만 세금을 벌금처럼 생각하기에 가능한 적게 내려고 수단과 방법을 동원하는 것이다.

세금은 벌금처럼 수치가 아닌 자부심이 되어야 한다.

또한 고액의 세금납부자를 인정해주는 사회 분위기가 필요하다.

이러한 인정과 사회적 인식이 함께할 때 공정한 사회가 된다.

그럴 때 우리 사회의 부와 정의가 수평적으로 이루어지게 되는 것이다.

제3부

사회를 바꾸는 소소한 정의

사회적 약자를 위한 정의는 무엇일까?

피그미침팬지라고도 불리는 '보노보'는 아프리카 콩고 지역에 서식하고 있다.

보노보는 다른 영장류에서는 찾아보기 힘든 특징이 있다. 모계 사회를 구성하고 있고, 공동체 안에서 다툼보다는 공생을 추구한다. 영장류 중에서 유일하게 동종 살해가 없는 집단으로 알려져 있다.

특히 주목할 점은, 보노보 사회는 힘의 논리 즉 '약육강식'과 '강자독식'이 없다는 것이다. 힘센 보노보가 약한 동료를 폭행하는 일은 없다. 오히려 약자가 강자를 폭행하는 일이 있어도, 반대의 경우는 벌어지지 않는다. 즉 공동체 안에서 약자가 오히려 강자의 자리를 차지한다. 다른 동물의 조직에서는 찾아보기 어려운 구조인 셈이다.

엄마를 잃은 어린 보노보가 있었다. 어느 날 또래의 보노보들에게 괴롭힘을 당했다. 이를 지켜본 다른 어미가 끼어들어 말리고 또래를 꾸짖었다. 또래들은 즉각 괴롭힘을 멈췄다. 이어 사과의 뜻으로 어린 보노보를 쓰다듬고 껴안아 주었다. 보노보 무리의 공동체 안에 깃든 약자를 향한 보호와 배려, 나아가 공존과 평화를 잘 보여주는 사례이다.

한 사회의 성숙도는 약자에 대한 배려로 판단할 수 있다. 그렇다면 우리나라의 성숙도는 어느 정도일까, 라는 의구심이 든다. 여전히 긍정적인 평가를 내리기는 어려울 듯하다.

'스폰 알바 모집'

그들은 메신저 앱을 이용하여 피해자들을 유인하였다. 그리고 얼굴이 나오는 나체 사진을 받아 협박하면서 성 착취 동영상을 찍게 하였다. 일명 'N번방'과 '박사방' 사건이다. 피해자는 여성들로, 청소년은 물론 아동까지 수백 명에 달했다.

우리 사회가 언제부터 이 지경이 되었을까, 하는 분노와 함께 자괴감마저 느끼게 한다. 하지만 일련의 사건들을 보면 그리 낯설지도 않다. 경중의 차이가 있을 뿐, 우리 주위에서 이미 숱하게 자행되고 있는 일들이다.

유치원이나 어린이집 교사가 아이들을 학대하고, 장애인 보호시설의 사회복지사들이 장애인을 상습적으로 폭행하는 사건이 지금도 끊임없이 이루어지고 있다. 팔로 목을 조르는 일명 헤드락(Headlock)을 했다고도 하고, 장애인이나 아이들이 감당하기 어려운 벌을 가했는가 하면, 폭행으로 갈비뼈가 골절되기도 했다.

아파트 경비원을 주차 문제로 폭행하고 지속적으로 괴롭혀, 경비원이 견디다 못해 스스로 목숨을 끊는 일도 있었다.

최근 패스트푸드점에서 아르바이트를 하던 한 청년이 점주에게 폭행과 폭언을 당한 일도 있었다. 이러한 장면이 녹화된 영상이 공중파 채널을 통해 공개되었다. 피해 사실을 취재하는 기자에게 청년은 울먹이며 이렇게 말했다.

"저희 같은 알바생은 힘이 없는, 그저 사회적 약자일 뿐입니다."

여성, 아이, 장애인, 노약자, 빈곤층, 아파트 경비원, 택배 기사, 주차 요원, 편의점의 아르바이트 점원, 비정규직 근로자, 이주 노동자, 다문화가정의 여성······. 이들은 모두 사회적 약자이다. 신체적, 경제적, 문화적, 사회적으로 불리한 위치에 있는 사람들이다.

그들은 사회적 약자라는 이유만으로 차별과 편견에 노출되어 부당한 대우를 받고 있다.

경제적, 사회적, 물리적 우위에 있는 자들은 약자의 권리를 억압한다. 그러다 보니 장애인이나 아동과 같은 사회적 약자에 대한 학대 사건이 무수히 일어나고 있는 실정이다.

① 모든 국민은 인간다운 생활을 할 권리를 가진다.
② 국가는 사회보장·사회복지의 증진에 노력할 의무를 진다.
③ 국가는 여자의 복지와 권익의 향상을 위하여 노력하여야 한다.
④ 국가는 노인과 청소년의 복지향상을 위한 정책을 실시할 의무를 진다.

⑤ 신체 장애자 및 질병·노령 기타의 사유로 생활능력이 없는 국민은 법률이 정하는 바에 의하여 국가의 보호를 받는다.

헌법 제34조의 조항이다.

1항 '인간답게 살 권리'로 인간의 존엄성을 보호, 존중받아야 한다는 내용이다. 3, 4, 5항은 사회적 약자에 대한 공동체의 의무이다. 이처럼 헌법이 세부 조항으로 명시한 점은 시사한 바가 크다. 사회적 약자의 권리가 위협받을 여지가 많기 때문에 보호할 법적 장치를 마련한 것이다.

국가는 사회적 약자의 복지와 권익 향상을 위해 노력해야 할 의무가 있다. 또한 공동체 구성원은 법률을 지켜 사회적 약자의 권리를 존중해야 한다.

그동안 우리 사회는 제도적 장치를 위해 다각도로 노력을 기울여 왔다. 차별을 시정하는 개별적인 차별 금지법인 장애인 차별 금지법, 양성 평등법, 근로 기준법 등 현행 법률에서 체계를 갖추고 있다. 또한 고용 분야와 교육, 경제 등 다양한 분야에서도 보호하는 정책을 시행하고 있다.

정부에서는 양성 평등 채용, 장애인 의무 고용제, 농어촌 특별전형, 중소 자영상인 보호 제도, 다문화가정에 대한 복지를 확대하는 제도, 노인과 청소년을 우대하는 제도 등을 통해 사회적 약자를 배려하고 있다. 또한 각 기관에서는 사회적 약자에 대한 인식 개선을 위해 온·오프라인 교육을 의무화하고 있다.

그렇다면 이러한 제도적 장치로 사회적 약자는 충분히 보호받고 있을까?

일정 부분 성과를 얻고 있는 것은 분명하다. 버스나 전철의 경로석이나 임산부석, 점자블록, 휠체어 전용 에스컬레이터가 설치되어 있는 것을 보면, 예전보다 훨씬 사회적 약자에 대한 인식과 배려가 호전된 증거이다.

하지만 가슴 아프게도 우리 주변에서 자행되고 있는 현실은 아직 온도차를 보여주고 있다.

사회적 약자에 대한 인식은 나아졌으나 현실은 여전하다

'KTX 특실을 이용하는 고객에게 간식을 제공하고 있습니다.'

특실 이용 고객의 확대를 위한 코레일의 홍보 문구였다. 그러나 장애인에게는 특실 간식이 제공되지 않는 어처구니없는 일이 벌어졌다.

중증 장애 판정을 받은 고정욱 작가는 KTX 특실을 이용하여 전주로 내려가고 있었다. 승무원이 고 작가만 빼고 특실 간식을 나눠주었다고 한다. 고 작가는 너무 의아해서 승무원에게 그 이유를 물었고, 황당한 답변을 들었다. '장애인에게는 특실 간식을 제공하지 말라'는 규정이 있다는 것이다. 장애인에게는 특실 요금의 혜택이 있기 때문에 간식을 제공할 수 없다는 취지였다.

간혹 선심 쓰듯 간식을 주는 승무원도 있었다고 하니 기가 찰 노릇이다.

우리는 '사회적 약자를 배려하고 존중해야 한다'고 목소리를 높여 외친다. 그러나 그들을 사회 공동체 일원으로 받아들이는 것에 대해서는 여전히 주저하고 있다. 일부에서는 그들이 일반인보다 더 많은 법의 혜택을 받고 있다고 생각하는 경향마저 있다.

바람직한 공동체는 사회적 약자 자체를 줄이는 것이다. 기회의 균등, 과정의 공정, 복지의 확대만으로 그 실효를 기대할 수는 없다. 물리적, 제도적 장치로 온전히 해결될 수 없는 한계를 지니고 있기 때문이다.

무엇보다 우리의 인식을 고쳐야 한다. 사회적 약자에게 제공되는 것들이 KTX에서 선심 쓰듯이 제공하는 간식처럼 여겨져선 안 된다. 그들의 권리를 보호할 의무를 저버리는 행위이며, 사회 공통체 일원임을 부정하는 태도인 것이다.

그렇다. 법령과 제도만으로 인식을 개선하고 제도화시키기에는 턱없이 부족하다. 법으로 고칠 수 있고 통제할 수 있다면, 굳이 정의를 거론할 필요가 없다.

법을 넘어 더 높은 도덕성을 요구하는 것이 정의이다. 그런 정의가 바로 설 때 사회적 약자를 위한 아름다운 공동체를 이룰 수 있는 것이다.

다시 보노보를 생각해보자.

보노보가 분쟁이 아닌 평화의 공동체를 이룬 비결은 무엇인가?

약자에 대한 따뜻한 시선과 배려의 마음가짐이 있기에 가능하다. 강자는 약자처럼 행동하며, 약자를 강자처럼 존중하는 공동체를 이룬 까닭이다.

스위스의 철학자 앙리 아미엘은 정의를 다음과 같이 정의했다.

'옳은 것을 옳다고 말할 수 있고, 그것이 당연한 것이라고 믿는 것. 무엇보다 약자에게 강하지 않는 것이다.'

느그 아부지 뭐 하시노?

"느그 아부지 뭐하시노?"

2000년 초 800만 관객을 동원한 영화 〈친구〉에 나오는 대사다.

1970년대에서 80년대 부산을 배경으로 한 이 영화 속에서 담임 선생님 역할을 한 배우 김광규가 학생 역인 유호성의 볼을 움켜쥔 채 아버지의 직업을 묻는다.

학생의 행위를 꾸짖는데 왜 아버지의 직업이 궁금할까. 물론 의도는 능히 짐작할 만하다. 그럼에도 상처를 들쑤셔놓은 듯한 아픔으로 남아 있다.

필자는 시골에서 태어났다.

아버지는 어부이셨고, 어머니는 농사를 지으셨다. 고단한 살림살이 속에서 5형제를 키우셨다.

초등학교와 중학교 시절, 학년이 올라갈 때마다 괴로운 과정이 있었다. 일명 '가정환경 조사'라는 것을 기록하는 것이었다. 재산의 총액, TV나 자동차 유무, 주택 소유 등등. 여러 항목 중에서도 가장 곤혹스러운 것은 부모님 학력이었다. 철없이 짝의 것을 슬쩍 훔쳐보고 적었다. 두고두고 죄책감을 느꼈던 기억이 난다.

당시 부모님들은 일제 강점기에 태어났다. 초등학교를 중퇴하거나 졸업에 그치는 경우가 대다수였다. 중학교 졸업은 마을을 통틀어 한 두 가정 정도였다.

그랬다. 필자의 부모 세대에는 못 배운 한이 깊었다. 거친 노동 속에서도 자식만은 가르치려 최선을 다했다. 자식들 학비 마련을 마치 일생일대의 목표처럼 여기며 살았다.

학부모로서 자식의 담임선생님을 볼 날도 흔치 않았다. 고작 운동회 때나 되어야 누구 엄마, 아버지라고 인사를 할 수 있었다. 그마저 농사일로 바쁜 부모님에게는 언감생심 꿈도 못 꿀 일이었다. 지금 아이들로선 상상도 할 수 없는 이야기이리라.

"느그 아부지 머하시노?"

영화 속에서 두 학생은 아버지 직업이 장의사와 건달이라서 무수히 뺨을 얻어맞는다.

다행히 필자는 선생님으로부터 이런 질문을 받지는 않았다. 하지만 비슷한 의도의 물음이 바로 부모님의 학력 조사였다.

너는 어떤 배경을 가지고 있나?

직업이든 학력이든, 결국 배경에 초점을 맞추고 있다. 한 사람의 존재 자체보다 배경에 따라 다르게 대하겠다는 의도이다. 내가 나로 평가받지 못하고, 외부의 조건에 의해 평가받는 셈이다.

최근 한 연구기관에서 초등학생에서 고등학생까지 행복도 조사를 했다. 10점 만점에 6.57점. OECD국가의 평균이 7.6점인 점을 감안하면 최하위권이었다.

왜 우리의 아이들은 행복하지 못할까?

미국 일리노이주 대학의 애드 디너 박사가 2010년 우리나라를 방문했다. 행복에 관한 세계적인 권위자인 그는 여러 학교를 둘러본 뒤 행복지수가 낮은 원인을 둘로 꼽았다.

첫째, 물질만능의 가치관

둘째, 치열한 경쟁과 계층 간의 갈등

특히 주목해야 할 점은 계층 간의 갈등이다. 어떠한 배경을 지니고 있느냐에 따라 삶의 방향이 달라지며, 행복지수까지 이어져 있다는 점이다.

리처드 리브스는 그의 저서 《20 VS 80의 사회》에서 능력과 실력이 반드시 성공으로 이어지는 것은 아니라고 말했다. 상위 20%가 '성공의 기회(Opportunity)를 사재기' 하기 때문이라는 것이다. 기회의 제공, 그 출발부터 불공정하게 이뤄지는 셈이다.

불공정의 기저에는 부모의 배경이 자리한다.

미국의 씽크탱크인 '피터 국제 경제 연구소'는 10억 달러(한화 약 1조 1,120억) 이상의 부자를 대상으로 상속이나 증여로 부자가 된

비율을 조사했다.

중국이 2%, 일본이 18.5%, 미국은 28.9%였다.

놀랍게도 우리나라는 74.1%로 나타났다. 실로 엄청난 수치로 부의 대물림이 이루어지고 있는 것이었다. 부자로 살려면 부자 부모에게서 태어나야 한다는 것을 말해 준다. 자기 노력으로 부자가 될 가능성은 좁은 문을 통과하는 것과 같다.

최근 취업포털사이트 인크루트가 취업준비생 1,478명을 대상으로 설문 조사를 실시했다.

부모가 나의 스펙이라고 생각하는가?

매우 그렇다는 44.7%, 조금 그렇다는 37.8%. 전체 82.5%가 부모의 배경이 나의 현재와 미래에 관련이 있다고 대답한 것이다. 취업 성공 여부에 대해서도 80.8%가 가족과 출신 배경이 영향을 미친다고 답변했다.

"느그 아부지 머하시노?"

예전과 달리 이제는 대놓고 물을 수 없다. 500만 원 이하의 과태료 처분을 받게 된다. 기회의 사재기와 같은 불공정을 해소하기 위한 조치이다.

엄마 찬스, 아빠 찬스로 이루어지는 불공정

입사 면접에서 부모의 직업을 묻는 것은 채용의 공정성을 침해하는 행위이다. 직무 수행과 무관한 개인정보를 수집 또는 요구해서도 안 된다. 구직자 본인과 직계존비속, 형제자매 등의 용모, 키, 체중, 출신 지역, 결혼 여부, 재산, 학력, 직업 등 개인정보를 채용 심사 자료에 기재하도록 하거나 제출을 요구할 수도 없다.

그렇다면 이러한 제도적 장치로 그간 만연했던 계층 간의 갈등은 해소되었을까?

또한, 기회의 불균형이 사라진 공정한 경쟁 사회가 되었을까?

오히려 깊숙이 숨어 더욱 강력한 힘을 발휘하고 있다. 어느덧 일상 용어처럼 자주 들리는 '아빠 찬스, 엄마 찬스'가 이를 증명한다.

부모의 어깨에 올라탄 세습과 기회의 사재기는 어제 오늘의 일이 아니다. 최근에도 주위에서 흔하게 벌어지고 있다.

교수인 부모와 함께 고등학생 자녀가 논문에 공저자로 이름을 올렸다. 학교 수업을 마치면 학원으로 달려가 밤늦도록 공부에 매달려야 하며, 잠자는 시간도 부족한 게 우리나라 고등학생의 실정이다. 그런데 교수가 제출하는 수준 높은 논문의 공저자로 기재되었다. 능력 여부는 둘째로 치더라도, 그럴 만한 시간을 낼 수 있을까? 불가능에 가까운 일이 버젓이 벌어진 것이다.

부모의 배경을 이용하여 입시용 스펙으로 활용된 셈이다. '아빠 찬스'가 아니었다면 꿈도 꿀 수 없었으리라.

심지어 '스펙 품앗이'라는 말까지 들려온다. 기득권층이 자녀의 스펙을 위해 각종 기회를 서로 제공하고 교환까지 서슴치 않고 있다. 우리 사회를 풍자한 드라마 'SKY 캐슬'처럼 대한민국 상위

0.1%가 사는 자신들만의 공간에서 자녀를 최고로 키우려는 처절한 부모들의 욕망이 그들만의 공고한 카르텔을 만들어 불공정을 예사로이 자행한다.

부모의 배경이 없는 이들은 어찌해야 좋을까?

불공정한 경쟁, 출발선이 다른 상태에서 선택할 길은 무엇인가?

결국 배경이 위력을 떨칠 수 없는 분야에서 찾아야 한다. 공정한 기회가 주어지는 쪽에 열중해야 한다는 것이다. 공무원 시험과도 같은 영역을 들 수 있겠다.

공무원 시험을 준비하는 수험생, 소위 공시생이 무려 40만 명에 이른다. 공무원 시험을 대비하는 학원가의 메카인 노량진에는 전국에서 몰려든 젊은이들로 가득하다.

공시생에 대한 부정적 시각도 있다. 자신의 전공과 능력을 무시한 채 편하고 안정적인 직장만 선호한다는 이유이다. 비판하기에 앞서 그럴 수밖에 없는 사회의 풍조부터 살펴야 한다.

노량진에서 공무원 시험을 준비하고 있는 A씨는 말한다.

"저는 지방대 출신에, 이렇다 할 스펙도 없고, 부모 찬스도 기대할 상황이 못 됩니다."

소도 비빌 수 있는 언덕이 있어야 하는데 그럴 입장이 안 되니, 공정하게 시험으로 경쟁하는 길을 택했다는 것이다. 5년째 탈락의 고배를 마시면서도, 컵밥으로 끼니를 해결하며 시험을 준비하고 있다고 한다.

또 다른 공시생 B는 선택의 이유를 이렇게 밝혔다.

"일단 합격만 하면, 일반 기업과 달리 굳이 찬스나 스펙 따위에 휘둘릴 필요가 없기 때문입니다. 자신의 실력과 능력에 따라 공정하게 미래를 개척할 수 있다고 봅니다."

각국 대학생 4천 명을 대상으로 성공의 조건에 대해 물었다.

미국의 대학생은 노력을, 중국이나 일본은 재능을 꼽았다. 그러나 우리나라 대학생은 과반수 이상이 부모의 재력을 중요시했다.

부모의 재력에 따라 성공이 결정된다?

'아빠 찬스', '엄마 찬스'를 업고 특별한 기회를 얻는다?

'금수저'는 당연히 성공하고, '흙수저'는 처음부터 실패와 좌절이 예견된다?

이런 풍토에서 부는 노력의 결과가 결코 아니다. 부모의 선물처럼 세습되는 것이다. 씁쓸하게도 성공은 가진 자의 전유물이 되고 있다는 것을 인정해야 한다.

이러한 불공정한 경쟁은 계층 간의 갈등을 더욱 심화시킨다. 결국 정의의 가치는 무참하게 무너지고 마는 것이다.

"느그 아부지 뭐하시노?"

이런 질문이 아직도 유효하다면, 이는 곧 우리의 일그러진 자화상인 셈이다.

기성세대는 특권과 반칙이 난무한 거친 시대를 어렵게 통과해왔다. 그런 만큼 그 고통을 후대에게까지 대물림하고 싶지는 않을 것이다. 하지만 현실은 어떠한가. 우리 사회에 여전히 능력보다는 편법이 활개를 치고 있다면, 우리의 미래는 극단적인 양분화로 치닫게 될 것이다. 약육강식의 법칙만 존재하는 정글로 변하고 말 것이다.

정의로운 사회는 어떻게 출발을 해야 할까?

먼저 공정한 기회 제공에 눈길을 돌려야 한다.

최소한 부모의 어깨 위에 올라타 부정한 게임을 벌이는 일은 없어야 한다.

누구에게든 기회의 마당은 공정하게 펼쳐져야 한다.

이제는 자신의 능력과 노력으로 충분히 보상받는 세상이 되어야 한다.

늑대가 나타났다! 가짜 뉴스

"늑대가 나타났다!"

양치기 소년은 너무 심심한 나머지 사람들에게 거짓말로 소리쳤다. 마을 사람들은 늑대를 쫓아내기 위해 서둘러 달려갔다. 소년은 그 모습이 재미있어 거짓말을 되풀이했다. 어느 날 실제로 늑대가 나타나자 소년은 목청이 터져라 외쳤다. 그러나 아무도 나타나지 않았고, 양들은 늑대의 먹잇감이 되고 말았다.

이솝 우화 속 양치기 소년의 모습이 재현되고 있다. 바로 '가짜 뉴스'이다. 여기저기서 "늑대가 나타났다!"는 거짓말이 들려온다. 너무 많다 보니 가짜와 진짜의 구분마저 모호해지는 느낌이다.

독일 작가 요한 고트프리트 조이메는 '속고 속이는 일은 이 땅이 생긴 이후 계속되어 왔다'라고 말했다. 이처럼 가짜 뉴스는 인류의 역사와 함께 진화해 왔다.

처음에는 입에서 입으로 전하는 소문을 이용했을 것이다. 기록으로 남은 최초의 가짜 뉴스는 기원전 1217년경 람세스가 히타이트와 벌인 전쟁사를 돌기둥에 새긴 것이었다. 오늘날의 가짜 뉴스는 문자로, 영상으로 확산되고 있다. 소문과 돌기둥의 가짜 뉴스에 비해 엄청난 전파력을 지녔다.

그만큼 가짜 뉴스가 미치는 악영향도 심각해지고 있다. 코로나19는 백신이라도 있다. 그러나 가짜 뉴스는 전염을 막아낼 방어체계가 분명치 않다.

코로나19 펜데믹은 이 시대에 커다란 혼란을 일으키고 있다. 심각한 질병으로 지구촌이 공포와 불안감에 휩싸였음에도 가짜 뉴스의 양산은 그치지 않았다. 오히려 한층 더 심각해져 우리 사회를 병들게 했다.

'청와대, 마스크 유통업체 몰아주기.'

'코로나 감염 여부는 10초 이상 호흡을 참는 것으로 확인.'

'백신을 통해 몸에 마이크로칩을 삽입.'

뉴스의 목적은 사실의 전달이다. 사실에서 벗어나 과장과 왜곡이 되면 선동으로 전락한다. 그러므로 가짜 뉴스는 사실의 전달보다 선동에 그 목적이 있다.

선동의 장으로 사용하는 매체가 언론에 국한되지 않고 다양하게 변하고 있다.

한국 언론진흥 재단에서는 '가짜 뉴스에 대한 인식'이라는 보고서를 발표하였다. 이에 따르면 가짜 뉴스는 오프라인보다 온라인이 월등히 많아, 전체 뉴스의 80%에 달한다. 페이스북, 트위터, 유튜브, 카카오톡 등이 가짜 뉴스를 전파하는 마당으로 사용되고 있다.

스마트폰이 바꿔놓은 세상에서 변질된 정보가 난무한다

'포노 사피엔스'

요즘 시대를 일컫는 신조어다. 스마트폰이 양산한 신인류로, 스마트폰은 이제 우리의 일상에서 신체의 일부처럼 떼려야 뗄 수 없다.

포노 사피엔스의 장점과 위험성에 대한 의견이 분분하다. 그러나 제아무리 위험할지라도 이제는 스마트폰 없이 살기 어려운, 점점 살 수 없는 시대가 되었다.

스마트폰은 우리들의 삶을 혁명이라고 말할 만큼 바꿔놓았다. 뉴스에 대한 전통적 시각 역시 변화의 격랑 속에 있다.

먼저, 전달 방식의 전환을 꼽을 수 있다.

그동안 전달 매체는 오프라인에 집중되어 있었다. 신문사와 방송 채널을 선택하는 것으로 뉴스를 공급받아 왔다. 그러나 이제 전달의 무게 중심이 오프라인에서 온라인으로 옮겨갔거나 옮겨지는 중이다. 전달 매체의 중요성은 그만큼 미약해졌다. 독자는 매체를 선택하는 것이 아니라 뉴스 자체에 집중하게 된 것이다.

또한, 뉴스 생산자의 변화이다.

뉴스 생산은 더 이상 기존 매체의 전유물이 아니다. 누구든 생산자가 되어 자신의 온라인 마당을 통해 전달할 수 있다. 대표적인 예가 유튜브를 통한 방송이다.

예전의 아이들은 장래의 희망 직업으로 의사, 변호사, 경찰관, 소방관 등을 꼽았다. 이제는 선호도가 바뀌었다. 유튜브 크리에이터(Creator)를 희망하는 아이들이 늘고 있다.

유튜버(YouTuber)와 유튜브 크리에이터는 약간의 차이가 있다. 유튜브에 기존의 영상을 업로드하는 이를 유튜버라고 한다. 반면 유튜버 중에서 본인이 직접 만든 콘텐츠를 업로드하는 사람을 유튜브 크리에이터라고 말한다. 요즘 대세라는 1인 방송자가 유튜브 크리에이터인 셈이다.

유튜브에는 수많은 콘텐츠가 있다. 또한 스마트폰으로 간편하게 접속할 수 있다. 그런 만큼 많은 이들이 몰리고, 유튜버 역시 엄청난 속도로 늘어나고 있다. 직업과 성별, 나이를 불문하고 유튜버들이 실시간으로 다양한 내용을 올리고 있다.

"기타를 배우고 싶은데 어떡하지?"

"유튜브 봐."

"살기 좋은 전원주택을 소개받고 싶은데……."

"유튜브에서 찾아봐."

모든 길이 로마로 통한다는 말처럼 모든 정보는 유튜브 안에 있다는 식이다.

예전에는 전문 직종의 정보를 얻기 위해서는 학원에 수강 신청을 하는 등 많은 시간과 돈을 투자해야 했다. 지금은 시간과 장소를 가리지 않고 편안하고 빠르게 알짜배기 내용을 얻을 수 있다.

유튜버는 자신의 노하우를 많은 사람과 공유한다. 하지만 그늘 또한 짙다. 사실 전달보다 다른 목적으로 악용하는 경우도 있기 때문이다.

일부 유튜버는 지극히 개인적인 경험이나 주관적인 내용을 검증하지도 않고 마치 확정된 사실인 양 함부로 호도하고 있다. 자신이 올린 내용이 사회적으로 어떤 영향을 미치고, 누군가에게 피해가 간다는 점에는 관심이 없다. 흥미에 초점을 맞춘 채 마구잡이로 여과 없이 쏟아내고 있다.

이유는 분명하다. 오직 구독자를 모으고 '좋아요' 클릭에만 혈안이 되어 있기 때문이다. 관심의 대상이 된다는 만족감과 더불어 조회수에 따른 경제적 이익까지 누릴 수 있다. 그러다 보니 점점 더 자극적이고, 출처 불명의 정보들이 온라인을 숙주처럼 이용하여 사회 전반에 급속도로 퍼지고 있다.

이러한 형태는 유튜브와 같은 개인 활동 무대에만 국한되지 않는다. 기존의 언론까지 전염되고 있다는 혐의를 받는다.

전통을 지닌 언론 역시 자본의 힘에서는 자유롭지 못하다. 예전에는 발행 부수와 광고에 의존했다면, 이제는 포털사이트를 통하므로 조회 횟수에 온 신경을 집중하고 있다. 이를 위해 눈길을 끌 만한, 사실보다는 이슈가 될 만한 사안에 매달린다. 대중을 유혹하는 방법으로 사실을 과장, 왜곡하는 행태까지 벌어지고 있는 것이다.

'언론이 본연의 중립성을 잃어 버렸다'는 비난의 목소리가 점점 커지고 있다.

언론은 국민의 알 권리를 충족시킬 무거운 책임을 지고 있다. 이를 위해선 전하는 정보가 정확해야 한다. 또 주장은 어느 한쪽에 치우치지 않는, 중립성을 지켜야 한다.

중립성을 저버린다는 것이 단지 편파적 보도를 의미하지는 않는다. 더 큰 해악이 잉태할 둥지 역할을 하기 때문이다. 내 편과 네 편을 구분하여 내 편이 원하는 내용으로 사실을 과장, 왜곡, 은폐한다. 결국 언론 본연의 의무를 상실한 채 가짜 뉴스를 양산하게 된다.

가짜 뉴스는 왜 위험할까?

먼저 전염성과 확장성을 주목해야 한다. 가짜 뉴스는 진짜 뉴스에 비해 빠르게 전파되고, 그 확장 범위 역시 넓다.

미국 매사추세츠공대(MIT) 연구진은 가짜 뉴스에 대한 연구 결과를 발표했다.

연구는 트위터를 분석한 바, 가짜 뉴스는 진짜 뉴스보다 전파 속도가 최대 20배 가량 빨랐다. 확장성 문제에서도 리트윗(Retweet)되는 비율이 70% 가량 높은 것으로 드러났다.

또한 진짜 뉴스는 1,000명 이상의 트위터에게 전달되는 경우가 많지 않았다. 그러나 가짜 뉴스 중에는 1,000명에서 10만 명까지 전달됐다. 1,500명에게 전달되는 속도를 비교하였을 때, 가짜 뉴스는 진짜 뉴스에 비해 6배 더 빨랐다.

특히 정치와 관련된 가짜 뉴스의 전파력은 다른 가짜 뉴스들보다도 더 빠르고 강하게 나타났다. 정치 관련 가짜 뉴스의 전파 속도는 다른 분야의 가짜 뉴스보다 3배 더 빨랐다.

2020년 8월 26일, 청와대 게시판에 가짜 뉴스를 처벌해 달라는 국민청원이 게재됐다. 불과 한 달 만에 23만 명이 청원에 동의하였다. 20대 국회 역시 개원과 동시에 가짜 뉴스 처벌을 강화하자는 법안을 20여 건 상정했다.

법무부에서는 징벌적 손해배상 제도를 담은 상법 개정안을 입법 예고 했다. 언론에 국한하지 않고 악의적으로 가짜 뉴스를 퍼트리는 사람은 명예훼손이나 무고죄로 강력하게 법적 조치를 한다는 것이다.

이 모두 가짜 뉴스의 위험성을 단적으로 보여준 것이다. 가짜 뉴스는 이미 심각한 사회 문제로 인식되고 있다. 비단 우리나라뿐만 아니라 전 세계적으로도 가짜 뉴스의 생산과 유포를 막기 위해 다양한 노력을 기울이고 있다.

미국에서는 2016년도에 '워싱턴주 디지털 시민의식에 관한 법률'을 제정하였다. 영국, 프랑스, 이탈리아 등 대다수 유럽 국가들은 2018년도에 구체적인 법률을 제정해 시행하고 있다.

특히 독일에서는 2018년 1월 1일부터 '가짜 뉴스 금지법'이라고도 불리는 '네트워크 운용 개선법'을 공포했다. 가령 가짜 뉴스를 유포하여 문제가 제기되었다면, 사회관계망 서비스(SNS) 기업은 24

시간 안에 이를 삭제하도록 조치해야 한다. 만약 이를 지키지 않으면 해당 기업에게는 최대 5,000만 유로(약 640억 원)의 벌금이 부과된다. 유포자는 물론 게시되는 플랫폼이나 유통되는 매체도 그에 대한 책임을 같이 지는 것이다.

그렇다면 이런 제도적 장치만으로 가짜 뉴스를 차단할 수 있을까?

본질적인 해결책은 아니다. 가짜 뉴스 역시 수요와 공급의 법칙을 따르기 때문이다. 가짜 뉴스 생산자가 제아무리 많은 분량을 시장에 내놓아도 소비자가 외면한다면, 도태될 수밖에 없다. 생존의 텃밭을 잃고 말 것이다. 가짜 뉴스인지 알면서 가짜를 추종하는 소비자가 있을 리 만무하다. 가짜를 진짜로 오인하거나 착각하기 때문에 빠져드는 것이다.

가짜 뉴스를 분별하는 기준

가짜 뉴스의 텃밭을 갈아엎으려면 참인지 거짓인지를 분별하는 능력이 중요하다. 세가지 측면으로 살펴보자.

첫째, 의심하라.

가짜 뉴스는 '지적 게으름' 위에서 자라난다. 생각하고, 분석하는 지적 과정 없이 무차별적으로 수용할 때, 가짜 뉴스는 기승을 부린다. 지적 과정의 주요 포인트는 콘텐츠에 대한 비판과 의심이다. 비판 없는 수용은 맹종에 그친다. 의심치 않고 받아들이는 것은 지적으로 게으른 것이다.

'백신을 통해 몸 안에 마이크로칩을 삽입하려는 음모가 있다.'

예컨대 이런 내용을 접하였다면, 먼저 과학적으로 타당한 근거를 갖고 있는지를 의심해야 한다. 나아가 그럴 만한 의도와 목적이 무엇인가를 살펴야 한다.

의심을 통해 합리적 이유를 찾을 수 없다면, 가짜 뉴스라고 판단해도 좋다.

둘째, 비교하라.

정보의 홍수 시대를 살고 있다. '정보 피로 증후군'이라는 신조어가 생길 정도이다. 정보가 많아서 괴로울 정도이다. 그렇다고 단 하나의 정보만을 선택할 수도 없다.

사람은 누구나 보고 싶은 것만 보려고 한다. 이를 인지심리학에서는 '확증편향'이라고 부른다. 자신의 생각과 신념을 확인하고 증명해 줄 정보를 추구한다. 뉴스 역시 마찬가지이다. 이미 호불호의 울타리를 그려놓고 입맛에 맞는 뉴스만 받아들이려 든다. 비록 가짜 뉴스일지라도 말이다.

가짜 뉴스는 객관성을 갖추지 못한다. 따라서 가짜 여부는 객관적 점검을 통해 드러난다.

A가 B라는 합리적 과정을 거쳐 C라는 결론을 내렸다.

D가 B라는 합리적 과정을 거쳐 C라는 결론을 내렸다.

이때 C의 결론은 객관성을 확보했고, 객관성을 위해 A와 B의 비교 단계가 있어야 했다.

이처럼 정보는 비교하고 검증하면서 객관성을 얻는다. 가짜 뉴스의 판별도 비교의 잣대를 통해 검증해야 한다. 입맛에 맞는 하나의 뉴스만으로 확정하는 오류를 범하지 말아야 한다.

사실(fact)과 거짓의 경계가 점점 교묘해지고 있는 요즈음, 비교는 더더욱 소중한 가치이자 기준이다.

셋째, 사회 정의로 분별하라.

가짜 뉴스가 우리 사회에 퍼트린 피해는 추산할 수 없을 정도로 크다.

가짜 뉴스를 통해 외교적인 갈등이 불거졌고, 국가 안보에도 심각한 악영향을 미쳤다. 이유 없이 기업에 오명을 씌워 뭇매를 맞아 주가가 급락하는 등 치명적인 피해를 입혔다. 또한 가짜 뉴스가 퍼트린 허위 사실로 인해 극단적인 선택을 한 사람들도 발생했다.

가짜 뉴스는 출발 자체가 불순한 의도에서 시작한다.

공동체보다는 개인의 이득을, 전체보다는 특정 집단의 이권을 대변한다. 사실의 전달보다 목적을 달성키 위한 수단이므로 공익성을 추락시킨다. 그리고 공정보다는 특권과 차별에 주목하고, 질서보다는 혼란을 야기한다.

가짜 뉴스는 당당하지 못하기에 항상 정의의 반대편에서 움직인다. 그러면서 정의가 추구하는 목표를 부정하거나 심각하게 훼손시킨다.

"늑대가 나타났다!"

양치기 소년의 외침에도 마을 사람들은 달려가지 않았다. 그리고 무슨 일이 벌어졌나?

양들이 늑대의 먹잇감이 된 이후 소년은 거짓말을 반복했던 지난 날을 후회했을 것이다. 마을 사람들 역시 그 책임에서 자유로울 수 없다. 소년의 거짓말을 진작 바로잡아 주지 못했기 때문이다.

가짜 뉴스에 대처하는 우리의 자세도 이와 비슷하다. 가짜 뉴스 생산자는 엄하게 처벌해야 한다. 더불어 가짜 뉴스를 분별하는 우리의 양식도 돌아봐야 한다.

가짜 뉴스의 잘못된 정보와 사실 왜곡이 무서운 것은, 불신 때문이다.

가짜 뉴스의 범람은 서로가 서로를 믿지 못하게 만든다. 이러한 불신이 계층과 집단 간의 갈등이 된다. 갈등의 골이 깊어지면 사회적 불안은 심각해진다.

가짜 뉴스는 그 시작부터 빠르게 차단해야 한다. 조금이라도 늦추면 더 무서운 변종 바이러스로 진화하여 우리 사회의 정의를 갉아 먹게 될 것이다.

떡값의 온정이 청탁으로 변질된 사회

명절은 우리 민족에게 축제의 날이다. 가족과 이웃들이 모여 온정과 풍요를 나누는 시간이다. 타지에서 바쁘게 생활하던 직장인들은 명절을 맞아 고향으로 향한다. 회사에서는 명절을 축하하는 의미로 직원에게 '떡값'이라는 보너스를 안긴다.

일정한 월급으로 정해진 지출을 해왔던 직장인에게 명절을 앞두고 뜻밖의 수입이 생긴다. 그야말로 가뭄에 단비가 내리듯 여유로워진다. 떡값이 행복감을 높이는 역할을 톡톡히 하고 있다.

요즘은 명절 휴가비나 효도비라는 이름으로 부르기도 한다. 그러나 예전에는 한결같이 떡값이라고 불렀다. 왜 하필 떡값이라 했을까?

제3공화국 시대, 당시 공무원들의 월급은 밥만 겨우 먹을 정도로 박봉이었다. 그러다 보니 명절만큼이라도 넉넉하게 지내라고 특별 보너스를 지급한 것이다. 그 이름을 떡값이라 했는데 떡을 지을 만큼의 적은 금액이라는 의미이다.

사실 떡은 우리 전통 음식으로 잔칫상이나 행사에 빠지지 않는 단골 메뉴이다. 그 떡을 이웃과 나눴다. 아이가 돌이 되면 수수떡을 하여 건강을 기원하며 주변 사람과 함께하였다. 요즘은 사라졌지만, 이사를 하게 되면 떡을 해서 이웃집에 돌렸다. 이웃에게 떡을 나누며 인사를 하는 풍습이었다.

  필자의 중학교 시절에는 상급 학년으로 올라가기 전 '책거리'라는 추억의 행사가 있었다. 친구들은 각자 집에서 쌀을 편지봉투에 담아 가져왔다. 그 쌀을 모아 떡을 해서 선생님과 함께 나눠 먹었다. 책 한 권을 다 공부한 것에 대한 기념 행사였다.

  떡은 우리의 문화였다. 기쁠 때나 슬플 때나 넉넉한 인심으로 서로를 격려하는 미풍양속이었다. 같은 의미로, 떡값도 호의적인 시각으로 받아들였다.

  떡값이라는 문화 속에는 우리의 삶이 오롯이 녹아 있었다. 많이 벌어서 혼자 잘 먹는 게 아니라 함께 나눠 먹는 배려의 마음이 있었다. 그런데 최근에는 좋은 의미에서 비롯된 떡값이 뇌물이라는 추악한 모습으로 옷을 갈아입어 버렸다. 표준국어대사전에서도 떡값에 대해 '자신의 이익과 관련된 사람에게 잘 보이기 위해 바치는 돈을 비유적으로 이르는 말'이라고 표현하고 있다.

  떡값 자체가 예전처럼 단순한 의미에서 벗어났기 때문이다. 실제로 승진, 전출, 입찰 등의 목적에 사용되는 도구로 변질되었다. 이제는 떡값이 부정부패의 대명사가 되었다. 관행이라는 이름으로 포장

되어 정의 불감증에 빠지도록 하고 있다.

차마 거부할 수 없는 관행

A씨는 자치단체에서 운영하는 스포츠 센터에 다녔다.

어느 날 동료들이 일정 금액을 내라고 강요를 했다. 이유를 묻자 강사에게 명절 선물을 줘야 한다는 것이었다. 예전부터 그렇게 해온 관행이라고 했다.

A씨는 납득할 수 없었다. 비록 큰돈은 아니지만 왜 돈을 내야 하는지 의문이 들었다. 그러나 혼자 내지 않으면 따돌림을 당할 듯하여 도리 없이 내고 말았다. 뭔가 기념할 날이 되면 회원들은 매번 돈을 걷었다. 일종의 관행이라고 했다.

이처럼 조직이나 모임에서 관행을 거부하면 비난을 받기 일쑤다. '융통성 없게 왜 혼자만 거부하지?', '공감 능력이 떨어지네'라는 뒷말을 듣게 된다.

이러한 관행들이 우리 사회에 뿌리 깊게 자리 잡아 버렸다. 상부상조의 형태로 주고받는 뇌물성 떡값이다.

국내 굴지의 대기업에서 검사들에게 정기적으로 금품을 제공한 사실이 밝혀져 사회적인 파장을 일으킨 적이 있었다. 그 금액이 떡을 해 먹는 정도가 아니라 떡집을 차리고도 남을 정도였다. 많은 금품과 뇌물들이 오고 간 것이다.

모 우유업체에서는 대리점주들에게 떡값이라는 명목으로 정기적

상납을 받았다. 모 공사의 간부는 자신이 관리 감독하는 업체 대표로부터 성의 표시 차원으로 2천만 원을 받았다. 통상적으로 갑의 위치에 있는 사람이 요구하는 경우도 있지만, 관행의 틀 안에서 알아서 제공하는 경우도 적지 않았다.

몇 해 전 모 국회의원 출마자는 설과 추석 때마다 거주하는 아파트의 경비원과 청소원 5명에게 성의 표시를 했다. 적게는 5만 원, 많게는 10만 원까지 제공했다. 이 때문에 언론의 뭇매를 맞았다.

'치매 걸린 어머니에게 도움을 줘 감사의 마음으로 전한 것'이라며 해명을 하였다. 그럼에도 개운하지 않은 면이 있었다. 국회의원 선거에 출마한 후보자였음에도 공직선거법에 따라 일체의 기부 행위를 할 수 없다는 것을 몰랐다는 것이다.

네티즌들의 의견은 나뉘었다. '우리 사회가 너무 메말랐다', '그 정도는 인지상정 아니냐'라고 하는 사람들이 있었다. 반면, 법의 테두리를 벗어났으므로 분명히 잘못된 행위라는 판단이었다.

청탁 금지법이 2016년 9월 28일 시행된 직후, 우리 사회는 새로운 제도를 받아들이기에 분주한 모습이었다. 오래지 않아 청탁 금지법 위반으로 과태료 처분을 받은 사람들이 나타났다. 다름 아닌 떡값이 문제가 되었다.

50대 고소인은 자신의 고소 사건을 담당한 경찰관에게 약 4만 5천 원에 달하는 떡을 제공하였다. 재판 결과 떡값 금액의 2배인 9만 원의 과태료 처분을 받았다.

고소인은 "단순한 고마움의 표시로 전달했다"고 항변했다. 그러나 재판부는 '소액이더라도 직무와 관련성이 있고, 수사의 공정성과 청렴성을 해할 수 있기 때문'이라며 판결 이유를 밝혔다.

청탁 금지법은 대가성이 없더라도 직무의 관련성이 있을 경우에는 엄격하게 처벌하고 있다. 물론 예외 조항도 있다. 예를 들어 상급자가 하급자에게 제공하는 금품이나 선물에 대해서는 처벌하지 않는다. 다만 목적상 제한은 분명하게 정해 놓았다. 업무에 대한 위로나 격려, 또는 포상의 개념이어야 하는 것이다.

국회의원 출마 후보자가 경비원에게 제공해서 논란이 된 것처럼, 설령 그 마음이 순수했다 하더라도 법령에 금지된 행위라면 마땅히 지켜야 한다. 관행처럼 제공되어왔다 하더라도 관행의 법적 타당성을 살펴야 한다.

떡값의 한계에 둔감해져선 안 된다. 떡값에 사심이 끼어드는 순간 부정과 비위로 연결되고, 떡값이 곧 뇌물이라는 등식이 성립된다.

떡값은 위험하다. 거래라는 의미가 부여되면 뇌물이라는, 정의를 훼손하는 괴물로 변신하기 때문이다.

떡값의 본래 가치는 감사였다

감사의 마음을 표현하는 방법은 얼마든지 많다. 떡값의 액수가 크다고 감사의 마음마저 커진다는 생각은 물질만능에 빠진 탓이다.

급속도로 빠르게 근대화를 이루면서 우리 사회에 드리운 그늘이 있다. 물질주의와 전통적 가치관 사이에서 겪는 혼란이다.

자본주의 사회에서 경제력이 최우선 목적이자 수단이 되면서 고유의 정이라는 문화까지 변질시켰다. 떡값도 그중 하나였다.

떡값은 순수한 나눔의 마음이었다. 소통의 도구로도 흔히 사용되었다. 그러나 어느 사이 부정부패의 아이콘이 되었다. 떡값으로 인해 공정이 무너지고 수많은 불법 행위가 벌어졌다.

그렇다고 떡값에 대한 가치와 의미마저 없애야 하는 것일까?

만약 떡값의 관행이 사라지면 우리 사회는 정말 정의로워질까?

선뜻 의구심을 떨칠 수 없다. 떡값을 우리의 생활에서 삭제해버리는 것, 그렇게 되면 기계적인 정의는 지켜질지 모르겠다. 그러나 우리가 지켜왔던 온정마저 사라지는 것은 아닐까, 하는 우려를 떨쳐내기 어렵다. 가뜩이나 개인주의가 강해지는 오늘날, 더더욱 메마른 사회가 되는 것은 아닐지 걱정이다.

떡값으로 포장된 불법 행위는 막아야 한다.

단, 떡값이 지닌 본래의 가치는 지켜야 할 것이다.

우리의 문화와 순수한 의미까지 삭제하면서 정의를 지키려는 게 아니다. 본래의 가치를 소중히 여기면서 정의를 지켜 나가야 한다.

우리가 남이가? 연고주의

영화 〈검사외전〉에서 흥미로운 장면이 나온다.

최종 학력이 중학교 졸업인 전과 13범 한치원은 검사 양민우에게 접근한다. 서울대와 휘문고를 나왔다고 자신을 소개한다. 양민우가 의심의 눈빛을 짓자, 한치원은 화려한 사기 전과의 경력을 살려 재치 있게 미끼를 던진다.

"독사 선생, 아세요?"

남자 고등학교에는 의례 그 별명을 지닌, 사납고 무서운 선생이 있기 마련이다.

졸업한 지 오래되어 기억이 가물가물한 양민우는 모른 척하면 민망할 듯해 대꾸한다.

"아~아, 그 독사 선생, 아직도 있어? 우리 때 아주 독 많이 피웠지."

그 순간 둘은 학연으로 연결된다. 단 1분 사이에 무장해제에 놓인다. 따로 확인 절차도 필요 없이, 동문이라는 단 하나의 이유로 마음을 터놓을 돈독한 선후배 사이가 된다.

미국의 사회심리학자 스탠리 밀그램은 하버드 대학 재직 중 '작은 세상 현상(Small-world Phenomenon)' 이론을 발표했다.

미국 메사추세츠의 주민 160명을 무작위로 뽑아 모 은행에 근무하는 친구에게 편지를 전해 달라고 부탁했다. 친구의 친구, 또는 지인의 지인 이렇게 사람들과의 관계가 연결되었다. 6단계를 거쳐서 편지는 도착하였다. 이 실험을 통해 누구든지 6단계의 네트워크 안에 연결되어 있다는 점을 밝혔다.

우리나라는 몇 단계를 거쳐야 할까? 3단계, 혹은 4단계쯤이면 연결될 수 있으리라. 그만큼 연결의 통로가 될 만한 학연, 지연, 혈연 등이 폭넓게 형성된 까닭이다.

우리는 농경 생활을 통한 정주문화를 이뤄왔다. 일정한 지역에 함께 거주하는 정주문화는 자연스레 공동체의 결속을 중시했다. 그러다 보니 부단히 연관성을 찾으려고 애를 썼다. 단일 민족을 자랑스러워하면서, 어느 혈통인지를 소중히 여기는가 하면, 출신 지역과 학교에 특정한 의미를 부여했다.

이러한 문화적 전통으로 인해 객지에서 고향 사람을 만나면 10년지기처럼 반갑다. 처음 만난 사람도 같은 지역 출신이라는 이유만으로 마치 수년 전부터 알고 지낸 사람처럼 마음을 터놓는다. 비단 지역에 한정되지 않는다. 우리의 일상 전반에 이미 두루 퍼져 있다.

학교 이야기라도 나오면, 당장 어느 학교 몇 학번인가를 묻는다. 군대 경험을 이야기하면 어느 부대인지, 성이 같으면 '어디 성씨 몇 대 손인가'를 허겁지겁 파악한다.

설령 자신과 관련성이 없더라도 어떤 식으로든 연결 고리를 찾고자 한다.

"우리 형님과 같은 학교 출신이네요."

"제 아내가 그 지역 출신입니다."

"친구가 같은 회사에서 근무하는데, 혹시 아시나요?"

연관성을 찾아 동질감을 느끼는 자체는 탓할 일이 아니다. 친밀한 소통의 계기이므로 오히려 권장할 만하다. 다만 연관성을 다른 수단으로 이용하고자 할 때 문제가 생긴다.

이때의 동질감이 소위 '연줄'이다. 학연, 지연, 혈연 등을 통해 자신의 역량보다 더 많은 것을 얻으려 하는 게 문제이다. 실제로 보면 연줄이 능력 이상의 가치로 여겨지고 있다. 그러므로 수단과 방법을 가리지 않고 연줄을 만들려고 공을 들이며 애를 쓴다.

연고주의의 특징은 편 가르기와 후광 효과

연줄의 대표적인 사례가 출신 학교이다. 우리나라에서는 명문대학을 졸업하면 사회생활의 절반은 성공이라고 사람들은 믿는다. 학과보다 대학을 선택의 우선순위로 삼으려는 경향이 그 이유이다. 대학이라는 공통분모만으로 든든한 연줄이 형성되리라고 생각하는 까닭이다.

'검사외전'의 사기꾼 한치원도 고등학교와 대학교를 연결고리로 삼아 검사 양민우에게 접근했다. 같은 학교 출신이라는 공통분모로 양민우는 한치원의 든든한 연줄 노릇을 한 것이다. 주도면밀해야 할 검사의 신분조차 망각한 채 사기꾼의 농간에 속수무책 넘어갔다.

단지 영화 속 이야기가 아니다. 이미 이런 일들은 우리 사회에 만연해 있다.

연줄, 즉 연고주의는 동질감에서 출발한다. 그러나 결국 편 가르기의 모습으로 진전된다.

요즘 대학생들 사이에서는 '지균충', '기균충', '수시충'이라는 은어가 사용된다. 지균충(지역균형 전형 입학생), 기균충(기회균등 전형 입학생), 수시충(수시 전형 입학생)으로 서로를 나누고 구분 짓는다. 같은 대학, 같은 학과에서도 입학 과정을 앞세워 편 가르기를 하는 셈이다.

연고주의는 편 가르기에 그치지 않는다. 특히 선거를 앞둔 시점이면 무슨 모임이 그리 많이 생겨나는지, 정신이 없을 지경이다. 각종 단체의 친목회는 물론 '58년 개띠' 모임이니, '69년 닭띠' 모임이니 하면서 출생연도에 맞춘 모임까지 생겨난다. 연고를 찾아 사돈의 팔촌까지 팔아가며 유권 활동에 올인(All in)을 한다.

출마자의 정책과 공약, 됨됨이에 대한 평가는 연고주의에 의해 묻혀버린다. 유권자의 선택은 출마자가 나와 어떠한 연고를 맺고 있는

가에 의해 결정된다. 이들 출마자와 유권자는 '네 편 내 편' 식으로 모두 편 가르기에 동승한 것이다.

연고주의의 문제점 중 하나는 후광 효과를 기대한다는 점이다.

하나의 특성이 다른 것까지 영향을 미치리라 기대하는 후광 효과. 연고주의에 매달리는 이들의 심리가 바로 그러하다. 누군가를 알고 있다는 것으로, 자신도 그 누군가에게 빌붙어 영향력을 발휘하게 되리라는 마음가짐 때문이다. 예컨대 사회적으로 영향력을 지닌 사람을 알고 있는 것을 본인의 능력으로 연결하고자 한다.

"아, 그 국회의원이 초등학교 선배야."

"오촌 당숙이 대기업 임원으로 있어."

"내 친구가 그 검사와 동향이야."

지금은 없어졌지만, 필자가 군 생활할 당시만 해도 자대 배치를 받으면 의례적으로 개인 신상을 기록하게 되어 있었다. 친인척 중에 군대나 경찰 관련 간부가 있는지를 기재하도록 했다. 한 동기생의 외삼촌이 모 경찰서 수사과장으로 있었다. 그날 이후 동기 녀석은 고된 훈련에서 수시로 열외되었고, 결국 톡톡히 후광 효과를 누렸다.

후광 효과를 기대하는 자는 연고를 만들려 필사적으로 몸부림을 친다. 그렇지만 더 심각한 것은 후광 효과를 용인하는 사회 분위기이다. 지켜주고, 밀어주는 연고주의가 아직도 우리 사회에 뿌리 깊게 박혀 있다. 마치 맹종 대나무처럼 땅 아래에서 끼리끼리 문화로 연결되어 '패거리화' 되어 있는 것이다.

연고주의의 역기능

연고주의는 우리 사회에 순기능보다 역기능을 조장하고 있다. 공정한 경쟁을 무너뜨리고, 공동체의 이익에 집착하는 집단 이기주의까지 불러온다. 그러면서 종래에는 공익과 질서를 어지럽히는 사회병리 현상이 된다.

첫째, 연고주의는 불공정한 경쟁을 정당화한다.

정의로운 사회는 기회가 평등해야 하며, 과정과 결과까지 공정해야 한다. 연고주의는 기회와 과정, 그리고 결과에 불의한 힘을 가하려는 의도인 것이다.

잡코리아 알바몬에서 구직자 1,979명을 대상으로 조사를 했다. 출신 학교와 지역, 인적사항 등을 표기하지 않는 블라인드 채용 기업에 응시한 사례가 있다고 응답한 비율은 35.3%였다. 반면 64.7%는 여전히 스펙의 벽을 느꼈다고 응답하였다.

블라인드 입사 지원을 시도한 기업으로는 공기업이 55.9%로 가장 많았다. 다음으로는 대기업이 35.3% 그리고 중소기업은 30.2% 순으로 나타났다.

최근에는 학벌이나 학점, 나이, 지역 등을 고려하지 않고 채용하는 기업이 늘어나고 있다. 하지만 일부 기업에서의 실상은 여전하다. 서류전형에서 이미 탈락시켜 면접의 기회조차 얻을 수 없었다. 블라인드 채용조차 일종의 공정성을 가장한 요식행위라는 것이다. 결국 어느 학교, 어디 출신이냐에 따라서 호의적인 평가를 유도했고 취업으로 연결되는 셈이다.

둘째, 연고주의는 효율성을 떨어뜨린다.

개인이 지닌 능력과 무관하게, 혹은 그 이상으로 평가받으려는 것이 연고주의이다. 실력이 합당한 대우를 받는다면 군이 연고에 매달릴 이유가 없다.

어느 조직이나 도무지 그 위치에 합당한 능력과 자격을 못 갖춘 이들이 있기 마련이다. 흔히 낙하산이나 특혜로 자리를 차지한 경우이다. 이들은 대부분 업무에 대한 이해도가 떨어진다. 따라서 조직의 생산성과 효율성은 떨어질 수밖에 없다. 적당주의에 젖어 있기에 좋은 성과를 기대한다는 것은 애초부터 욕심이다.

그럼에도 연고주의를 발휘해 평가와 승진에서는 눈에 쌍불을 켜고 앞서 나간다. 그럴수록 조직원들은 상대적 박탈감에 사로잡힌다. 그러다 보니 누구나 업무 능력보다 연고를 맺으려는 시도에 열중하게 되는 것이다.

셋째, 연고주위는 불법의 온상이 된다.

'금맥보다 좋은 게 인맥'이라는 말이 있다. 빽이 있나 없나에 따라 사회적 위치가 결정된다는 의미이다. 취업이나 승진, 사업을 하려면 노력이나 능력보다는 끈이 있어야 살아남을 수 있다고 여기는 것이다.

인맥, 즉 연고주의는 호혜적 관계로 생명력을 끈질기게 유지한다. 만약 어떤 혜택을 받았다면 그에 상응한 대가를 지불해야 하는 구조가 자연스럽게 만들어진 것이다.

이러한 과정 속에서 불공정과 불법이 자생한다. 그러다 보니 자기들끼리 심사 요건이나 까다로운 규제를 완화시켜 이득을 취하는 것이다. 게다가 자신들의 실수와 결함에 대해서는 상당히 우호적으로 평가해 공정성을 흐려놓고 있다.

대표적인 예가 전관예우이다. 조직에서 형성된 인맥이 퇴직 후까지 이어져 각종 혜택을 제공한다. 전관예우에 대한 문제점이 여기저기서 불거지다 보니 각 기관에서는 '전관예우 금지법'을 만들어 공정성과 투명성을 확보하려고 노력하고 있다. 하지만 취지가 무색하게 아직도 버젓이 활개치고 있다.

연고주의는 이처럼 일감 몰아주기, 기회 새치기, 정보 제공 등의 방법으로 불법을 자행하는 토대가 되고 있다.

연대가 연고주위로 변질

"우리가 남이가?"

흔히 듣는 말이다. 동질감은 위기 상황을 극복하는 힘이 된다. 우리 민족은 고난의 역사, 위기의 순간을 연대의식으로 극복해 왔다.

그 속에 배타적 이기주의와 불공정은 없었다. 그러나 어느 순간부터 연대는 끼리끼리 묶이는 연고주의로 변질되었고, 지금도 지속되고 있다. 선한 영향력으로 출발해 악한 결과를 빚고만 셈이다.

이제, 연고주의는 합리적 기회를 위협하는가 하면, 배타적 집단주의를 형성하고 사회 발전까지 저해하고 있다.

또한 공정한 경쟁을 해치는가 하면 원칙과 보편적 가치를 훼손하고, 부정부패를 낳고 있다.

이러한 것들이 반복되면서 사회는 양극화로 치닫게 된다.

결국 연고주의는 정의를 배반하는 것이고, 정의를 찌르는 칼이 된 셈이다.

이제는 과감히, 우리 사회의 정의를 지키기 위해선 연고주의의 굴레를 끊어내야 한다.

강자와 약자에게 다른 법 적용

감자 다섯 알 때문에 지명수배범이 된 이가 있다.

폐지를 주워 근근히 생계를 유지하던 80세 독거노인. 어느 날 경찰이 찾아왔다. 절도 혐의로 경찰서에 동행할 것을 요구했다. 영문을 몰라 멍하니 서 있는 노인에게 경찰은 사건의 개요를 설명했다.

"영감님, 며칠 전 주택가에서 감자가 담긴 상자를 가져가셨죠?"

"감자 다섯 알이 들어 있었어요. 나는 버린 상자인 줄 알고 수거한 거예요."

노인은 항변했지만 소용이 없었다. 주인이 이미 도난 신고를 했던 것이다.

만 원도 안 될 감자 다섯 알이었다. 그럼에도 노인은 약식 명령에 의해 50만 원의 벌금형을 받았다. 하루 12시간 이상 폐지를 주워 만원 벌기도 어려운 노인으로선 감당하기 어려운 금액이었다. 벌금을 내지 못했고, 결국 지명수배자가 되었다. 엎친 데 덮친 격으로 암까지 발병하였다.

노인에 대한 법의 심판은 과연 정당했는가?

그렇다면 냉정하고도 가혹한 판결이었다고 비난받아 마땅한가?

혹시 엄정한 법 적용이었으므로 달리 시비를 걸 수는 없다고 생각하는가?

모기업 회장이 유학생 명의로 281개에 달하는 차명계좌를 만들었다. 이를 통해 50억 원에 달하는 자금을 은닉한 사실이 드러났다. 차명계좌를 개설한 것도, 자금을 형성한 과정도 불법이었다.

법원의 1심 판결은 징역 1년에 집행유예 2년이었다. 동종의 전과가 없고 고령이고 지병이 있다는 점을 판결 이유로 꼽았다.

노인에 견줘 회장의 판결은 공정했는가?

전과, 고령, 지병이 양형의 이유로 작용했다. 하지만 노인도 회장과 같은 상황에 있었다. 따라서 양형에서도 동일하게 인정받아야 마땅히다.

노인과 회장의 범죄 행위는 법의 형평성에서 적절하게 다뤄졌는가?

감자 다섯 알과 50억 원은 확연하게 다르다. 또한 둘의 행위는 출발부터 다르다. 노인은 무심코 수거하였으므로 의도를 가진 범법이라고 볼 수 없다. 그러나 회장은 치밀하게 계획된 의도적 범죄 아닌가.

'모든 국민은 법 앞에 평등하다.'

대한민국 헌법 제11조 1항에 명시되어 있다. 대한민국의 국민이라면 누구든지 성별이나 종교 그리고 사회적 신분과 무관하게 법 앞에서 공평한 대우와 심판을 받아야 한다. 또한 정치, 경제, 사회, 문화 등의 이유로 판결에 차별을 둘 수 없다. 비단 우리나라에만 국한된 원칙이 아니라 세계인권선언에서도 동일하게 규정하고 있다.

정의로운 사회는 법의 평등이 잘 지켜지는 사회이다. 각자의 위치에 따른 차별이 없고, 개인의 자유와 권리를 보장하며, 사회 질서를 유지하기 위해 법이 존재한다. 그런 사회가 우리가 지향하는 정의로운 공동체이다. 이를 위해 법은 공정하게 집행되어야 한다.

법은 거미줄과 같다

오늘날 우리의 법은 공정하게 집행되고 있는가?

노인과 회장의 경우처럼 평등의 가치를 위협받고 있는 것은 아닌가?

유감스럽게도 현실에서는 법의 목적과 방향을 거스르는 모습이 종종 눈에 띈다.

수억 원에서 수백억 원에 이르기까지 뇌물을 제공했던 재벌들이 지금까지 얼마나 많았던가. 오히려 뇌물을 제공하지 않은 이들을 손꼽기 쉬울 정도이다. 마치 연례행사인 양 재벌 총수들이 피의자가 되어 법정에 출두하곤 한다.

회삿돈을 자신의 호주머니 돈처럼 마음대로 횡령한 그들의 범죄 내용은 각기 달라도 법의 심판만큼은 판박이처럼 비슷하다. 무죄나 다름없는 집행유예로 풀려나오는 것은 이제 놀랄 일도 아니다. 재벌 총수들이나 소위 가진 자들에게 적용되는 양형은 거의 징역 3년, 집행유예 5년이다. 오죽하면 '3,5법칙'이라며, 지켜보는 이들이 자조 섞인 비아냥의 대상으로 삼을 지경이다.

감자 다섯 알 노인의 판결에 분개하는 진짜 이유는 분명하다.

노인의 형편을 고려치 않는 엄격한 법 적용 때문만이 아니다. 바로 공정성의 문제이다. '모든 국민이 법 앞에서 평등하다'는 원칙이 무너졌기 때문이다. 힘 있는 자에게는 관대한 법으로, 사회적 약자에게는 지나치게 가혹한 법으로 그때마다 고무줄처럼 달라진다는 것이다.

고대 그리스의 철학자 트라시마코스는 '법은 거미줄과 같다'고 하였다.

작고 힘없는 곤충에게 거미줄은 강력한 힘을 발휘한다. 그러나 큰 짐승에게는 아무런 위력도 의미도 없다. 법도 거미줄과 같은 이치라며 다음과 같이 덧붙인다.

'정의는 강자의 이익이며, 강자에게 유익한 것으로 귀결된다.'

트라시마코스 시대를 살펴보면, 법은 입법 의도에서부터 대중이 아닌 집권자를 위한 것이었다. 집권자의 통치를 돕는 보조적 역할에 불과했다.

지금은 어떠한가. 법 자체의 오류와 문제는 많이 사라졌다. 하지만 법의 적용, 즉 집행에서는 여전히 공정치 못한 일들이 벌어지고 있다.

2017년도 대한변호사협회에서 변호사 458명을 대상으로 공정성에 대한 설문 조사를 했다. 여러 항목 중에 눈길을 끄는 설문이 있었다.

'형사재판이 부유하거나 가난한 사람, 지위가 높거나 낮은 사람에게 똑같이 정의롭고 공정하다고 생각하는가?'

의외의 결과가 나왔다. 형사재판이 '정의롭다'라고 답한 변호사는 30%, '정의롭지 않다'고 대답한 변호사가 70%였다. 변호사들마저도 형사재판이 불공정하다고 인정을 한 셈이다.

사법부를 '정의를 지키는 최후의 보루'라고 한다. 따라서 사법부가 신뢰를 잃어버렸다는 것은 우리 사회가 공정성을 기대할 곳이 없다는 뜻이다. 사법부에 대한 불신을 결코 가벼이 여길 수 없는 이유이다.

평균적 정의, 배분적 정의

'정의의 본질은 평등이다.'

철학자 아리스토텔레스의 주장이다. 평등은 차별하지 않는 것이다. 그렇다고 획일적 적용을 의미하진 않는다.

아리스토텔레스는 정의를 '평균적 정의'와 '배분적 정의'로 나눴다.

평균적 정의는 모두에게 동일하게 적용되는 것이다. 말 그대로 상황과 조건에 의해 변할 수 없는 절대적인 것이다.

배분적 정의는 같은 것은 같게, 다른 것은 다르게 적용하는 것을 말한다. 상대적이며 비례적인 평등이다. 정당한 이유나 합리적 근거가 있는 경우에는 차별을 허용하는 정의이다.

평균적 정의로 배분적 정의가 위축되거나 무시된다면, 획일화에 매몰된 사회가 된다. 오히려 배분적 정의가 잘 이뤄져야 정의로운 사회가 되는 것이다.

필자가 해양경찰 초임 시절, 여자 경찰관은 손에 꼽을 정도였다. 하지만 최근에는 13.8%에 달한다.

경찰공무원 선발에는 체력 테스트가 필수적이다. 테스트 종목마다 통과해야 할 기준점이 있다. 모든 시험자에게 남녀 구분 없이 동일한 기준이 주어진다면, 이를 두고 정의로운 선발이라고 할 수 있을까?

남녀의 차이가 충분히 고려되어야 한다. 이처럼 배분적 정의란 정당한 이유와 합리적 근거로 차이를 두는 것이다.

그렇다면 법은 모든 사람에게 정말로 공정한 것일까?

공정이란 의미는 공평하고 올바름이다.

몇 년 전 주말 오후였다.

그날은 바쁜 일이 있어서 아침을 먹지 않고 외출 후에 집으로 들어 왔다. 마침 아들이 TV를 보고 있어서 피자를 시켰다. 피자를 큼직하게 4조각으로 나누었다.

그런데 피자를 먹기 전 필자는 고민에 빠졌다. 방금 밥을 먹은 아들과 종일 굶은 필자. 아빠와 아들이라는 대상을 떠나 피자를 어떻게 나누는 것이 공정할까?

아빠와 아들 두 사람이 사이좋게 2조각씩 나눠야 하는 것일까?

허기진 필자가 3조각을 먹는 것이 공정한 방법일까?

만약에 2조각씩을 나눴다면, 공평의 선은 지킨 셈이다. 법의 집행을 두고 말하자면, 그야말로 법대로 한 것이다. 그러나 3조각으로 차이를 뒀다면, 공평하면서도 올바른 판단을 한 것이다.

공정이란 이런 것이다. 그러나 현실에서는, 특히 법 적용에서는 반대의 일이 벌어지기도 한다. 마치 감자 다섯 알의 노인과 회장의 5억 원처럼 말이다. 그러나 그 옛날 범죄자의 입에서 흘러나온 '유전무죄, 무전유죄'가 아직도 통하는 듯해 가슴이 답답하다.

법은 언제나 정의의 틀 안에 있어야 한다.

법이 정의를 실천한다는 것은 공정함을 근거로 할 때 가능하다.

법 집행이 공정하지 못하다는 것은, 법으로서의 존재 가치를 상실한 셈이다.

더 나아가 약자와 강자에게 다르게 적용된다면, 특히 강자의 이익을 대변한다면 사회 정의의 근간이 위태로워진다.

뭉치면 죽고 흩어지면 산다

〈대부〉는 1970년대 프랜시스 포드 코폴라 감독이 만든 영화이다. 이탈리아 시칠리아에서 미국으로 건너가 마피아의 대부가 된 '돈 꼴레오네' 가문의 사랑과 배신을 그려냈다. 말론 브란도와 알파치노가 주연을 맡아 엄청난 흥행 기록을 세웠다.

어느 날 돈 꼴레오네에게 한 사람이 찾아온다. 자신의 딸이 폭행을 당했는데 응징을 해주면 돈은 얼마든지 주겠다며 청부살인을 부탁한다. 돈 꼴레오는 이렇게 대답한다.

"해결해주겠네. 그러나 돈을 받고 해주는 일이 아니라 우정으로 베푸는 것이네."

2014년 세월호 이후 '관피아(Corrupted Offical)'라는, '관료+마피아'라는 합성어가 등장했다. 그리고 2015년 3월 31일부터 전관예우나 민관유착 등을 근절하기 위해 일명 '관피아 방지법(퇴직 공직자의 취업 제한)'이 시행되었다.

'퇴직한 공무원은 퇴직일로부터 3년간, 퇴직하기 전 5년 동안 소속했던 기관이나 부서의 업무와 밀접한 관련성이 있는 기관에 취업할 수 없다.'

공직자 윤리법에 명시된 내용이다. 그럼에도 법이 무색하게 '검피아, 금피아, 교피아, 국피아, 칼피아' 등 온통 '피아'라는 조직 폭력배에게나 쓸 법한 단어들이 자주 들린다. 마치 관피아의 성지가 된 듯한 느낌이다.

관피아의 대표적 형태로 전관예우(前官禮遇)를 꼽을 수 있다.

조직을 위해 헌신하고 퇴직한 이를 예절을 갖춰 대우하겠다는 뜻이다. 의미만으로 해석하면 더없이 권장할 조직 문화이다. 그러나 전관에게 특혜를 베푸는, 특히 법조 비리의 온상으로 변질되었다.

사법부는 전관예우의 폐해가 극심하자 이를 방지할 목적으로 변호사법까지 개정하였다. 판사와 검사가 퇴직한 후 변호사 사무실을 개업할 경우, 퇴직 전 근무하던 곳의 사건을 1년간 수임할 수 없도록 하였다.

그러나 문제가 발생되더라도 형사 처벌 조항은 없다. 대한변호사협회에서 징계를 내리게 되어 있지만, 대부분 솜방망이 처분이다. 독소 조항인 셈이다. '자기 식구 감싸기'식으로 처리하기에 유명무실하다는 비판을 면치 못하고 있다.

지난 4년간, 법원에서 퇴직한 4급 이상 공무원 527명 중 37.8%에 달하는 199명이 근무했던 법원에 집행관으로 재취업하였다.

집행관은 채권자를 위해 채무자에게 재판 결과를 알리고 재산을 압류하는 일을 한다. 채권자들로부터 수수료를 받는데 개인사업자로 분류되어 1억 원 이상의 고수익을 올리고 있다. 집행관 선임은 내부에서 진행되다 보니 퇴직 후 보상 형태로 순차적으로 이루어진다고 한다.

비슷한 경우는 공공 기관에서도 흔히 일어나고 있다. 국토교통부 퇴직 공무원들 중 상당수는 산하 공공 기관과 협회, 조합, 관련 민간 단체에 재취업한 것으로 드러났다. 조달청에서는 퇴직한 이가 이직한 특정 단체에 수의계약을 몰아주었다. 보건복지부를 퇴직한 공무원이 보건 의료계와 관련된 병원이나 제약회사에 고위직으로 취업해 로비스트 역할을 수행하기도 했다. 또한 감사원 출신이 감사를 받는 공공 기관이나 협회에 재취업을 해서 여전히 국민들에게 실망을 안겨 주었다.

집단 이기주의의 전형, 관피아

관피아의 폐해는 사회 전반에 만연해 있다. 공정사회로 가기 위해서는 전관예우의 특혜를 반드시 근절시켜야 한다.

공직자 윤리법에서는 퇴직 공직자의 제한 규정이 명시되어 있다. 공직자 행동 강령에서도 소속 기관에서 근무하다 퇴직한 자가 직무 관련성이 있는 경우, 2년의 기간 내에 골프나 여행 그리고 사행성 오락 등을 하지 못하도록 규정하고 있다.

이렇게 여러 법령을 통해 퇴직 후 특혜를 방지하고 있다. 그러나 아직도 사회 곳곳에는 수많은 'X피아'들이 기생하고 있다. 조직적으로 자기들만의 리그인 카르텔을 형성하여 부당한 이득을 취하고 있다.

관피아들은 집단 이기주의의 전형적인 형태이다.

공공의 이익보다는 나와 조직의 이익을 우선시한다. 표면적으로는 상생이니 협업이니 하지만, 속내를 들여다보면 각종 권력과 힘을 연계하며 조직화하고 있다.

조직화의 이유는 상당히 악의적이다. 속된 말로 자신의 밥그릇만 챙기려는 목적이다. 이를 위해 조직적으로 결탁을 하고, 자신들의 목적을 위해서 법의 테두리를 벗어나거나 교묘하게 편법까지 동원하는 것을 당연시 여긴다.

이들 관피아에게는 공통점이 있다.

패밀리라는 이름으로 공통분모를 만들어 동지 의식을 견고하게 형성한다. 그들의 동지 의식 속에는 사익추구라는 공동 목표가 있다. 조직의 결속이 단단할수록 더 큰 사익을 얻을 수 있기 때문이다.

코로나19로 국가와 국민의 생명이 위협받는 시점에 뜻밖의 일이 벌어졌다. 의사들이 파업 선언, 전공의의 의사고시 거부 사태였다. 쟁점은 의대 입학 정원 확대였다.

국민의 시선은 따가웠다. 당연했다. 팬데믹이라는 절체절명의 위기 상황에서 자신들의 밥그릇을 챙기는 집단 이기주의 양태를 보였기 때문이다.

어찌 의사들에게만 국한된 문제이겠는가. 소위 기득권 집단에서 끊임없이 자행되는 모습이다.

국가의 한 조직, 그 수장의 말이 화제가 된 적이 있었다.

"저는 사람이 아닌 조직에 충성합니다."

언뜻 근사하고 위엄있게 들린다. 하지만 상당히 위험천만한 발언이다. 나와 소속된 집단을 일체로 여기는 순간, 집단 이기주의라는 혐의에서 자유로울 수 없기 때문이다. 한편 그는 조직보다 더 중요한 가치를 망각했다. 국민을 위해 존재하는 조직이었기에, 달리 말했어야 적절했다.

"나는 조직이 아닌 국민에 충성합니다."

영화 〈대부〉에서처럼 자신들만의 카르텔을 형성하는 사람들. 그들은 해피앤딩을 꿈꾸지만 결국 파멸로 끝이 났다.

집단 이기주의는 그들만의 의리와 정의를 내세워 합법화를 가장하기도 한다. 더러는 마치 선한 영향력을 사회에 미치는 것처럼 행동한다. 하지만 정의가 중요한 가치로 떠오르는 시대가 되면 그들의 추악한 민낯이 세상에 낱낱이 드러날 것이다.

국민은 정직하지 못한 정치인과, 편법을 저지른 경제인을 경멸한다. 반면에 정의롭고 깨끗한 사람을 인정하고 좋아한다. 특히 전관예우의 특혜를 자발적으로 거부하는 이를 존경한다. 그 대표적인 사례로 꼽을 수 있는 인물이 있다.

조무제 대법관.

그는 보증금 2천만 원짜리 원룸에 살며, 관용차가 지급되는 직위임에도 지하철을 이용해 출퇴근하였다. 월급을 아껴 모교에 장학금으로 내놓았다. 퇴직 후 유명 법무법인으로부터 거액의 영입 제안을 받았다. 그러나 전관예우라는 특혜로 후배 법관에게 부담이 될 수 있다며 고사했다.

우리는 이미 관피아, 전관예우의 해악을 절감하고 있다. 전관예우가 당연시되던 시대가 속히 막을 내리기를, 조직 이기주의에 따른 비리와 청탁 역시 근절되기를 바라고 있다.

'뭉치면 살고 흩어지면 죽는다.'

적어도, 전관예우의 범주에 있는 이들에게는 금기로 삼아야 할 말이다.

오히려 집단 이기주의로 뭉치면 정의가 죽는다.

집단 이기주의를 포기하면 정의로운 사회가 살아난다.

대한민국은 갑질 공화국

"아저씨 부모님이 아저씨를 잘못 가르쳤다."

"나 아저씨 보기 싫어 진짜로. 아저씨 죽으면 좋겠어. 그게 내 소원이야."

10살 초등학생이 50대 운전기사에게 한 말이었다. 견디다 못한 기사는 그 말을 녹취해 공개했다. 이에 국민 대다수는 분노했고, 급기야 국민청원까지 갔던 사건이다. 과정이나 내용이 어찌 되었건 10살 아이가 50대 어른에게 부모로부터 교육을 잘못 받았다고 하니, 기가 찰 노릇이다.

몇 해 전 재벌 총수 일가의 갑질 논란이 매스컴에 오르내렸다. 우리나라를 대표하는 항공사의 총수 가족이어서 국민의 공분을 샀다. 이들의 갑질 사건으로 기업은 주가가 폭락했고, 엄청난 영업 손실을 보았다. 뿐만 아니라 국제적으로 '갑질 공화국'이라는 신종단어가 만들어졌다고 하니 국제적으로까지 망신을 당한 꼴이다.

그 외에도 기업을 대표하는 사람들이 직원의 인격을 무시하는 행태는 심심치 않게 매스컴에 등장한다. 직원에게 생마늘과 매운 핫소스를 먹게 하고 빨간색으로 머리를 염색하라고 폭행까지 일삼았던 한 기업인은 실형까지 선고받았다.

어디 이뿐이겠는가. 가맹점이나 대리점에 물품을 강매한 것도 부족해 유통기한이 임박한 물건까지 떠넘기는 프랜차이즈 본사. 중소기업의 기술을 탈취하는 대기업. 이런 행태 역시 기업 차원의 갑질이다.

대학교수가 학점을 볼모로 학생에게 가하는 부당한 행동 역시 갑질의 형태이다. 연극계의 대부가 연기 지도를 한다며 성희롱을 일삼은 사건 역시 갑질이다. 이들은 모두 거부할 수 없는 약자의 입장을 교묘하게 이용한 것이다.

직장에서의 갑질 또한 수그러들 조짐을 보이지 않고 아직도 만연하다.

갑질 신고 건수 중 약 70% 이상이 직장에서 음성적으로 이루어진다. 직장 내 괴롭힘으로 인한 근무 시간 손실 비용을 추산해보면 연간 4조 7,800억 원이라고 한다. 연봉 3천만 원 직원 기준 약 16만 명의 인건비에 해당하는 금액이다. 피해자의 정신적 피해 등 밝혀지지 않은 손실까지 고려한다면 손실 비용은 더욱 클 것이다.

우리나라의 직장 괴롭힘 피해율은 업종별 3.6~27.5%로, EU 국가에 비해 높은 수준으로 나타났다. 가장 낮은 국가는 불가리아로

0.6%이고, 가장 높은 나라는 프랑스로 9.5%이다. 그에 비하면 우리나라는 2배 이상이나 높은 수치이다.

직장 내에서 음성적으로 다양하게 이뤄지는 괴롭힘 금지를 위해 근로 기준법이나 산업안전 보건법 등 관련 법령이 2019년부터 시행되었다. 하지만 아직도 직장 내에서 폭언과 따돌림, 험담, 강요 등이 끊임없이 벌어지고 있다.

갑질은 기업의 대표만 저지르는 행동이 아니다

그렇다면 우리들의 일상 영역은 어떠할까?

우리 주변에서도 갑질은 자주 목격되고 있다. 갑질은 기업의 대표들이나 회사의 상사들만 저지르는 특별한 행동이 아니다. 주차요원, 택배기사, 경비원, 장애인 등의 사회적 약자나, 알바생 등 비정규직 노동자들에게 함부로 대하는 것 모두가 갑질이다.

갑질을 하는 사람은 성희롱, 욕설, 폭행, 무시, 인격 모독 등을 서슴없이 저지른다. 마치 자신들이 그들 위에 군림해도 되는 양 착각을 하고 있다.

이렇듯 갑질은 공공분야에서 민간의 영역에 이르기까지 끊임없이 발생하고 있다. 우리 사회 전반에 마치 병리 현상처럼 광범위하게 퍼져 있다.

다행스럽게도, 불과 몇 년 전에 비해 이제는 매스컴과 사회관계망 서비스(SNS)의 발달로 갑질 행태가 쉽게 드러나고 있다. 예전에는 노출되지 않았을 뿐 얼마나 많은 갑질이 행해졌을지 능히 짐작할 만하다.

갑질은 특별한 위치에 있는 사람만의 전유물이 아니다.

누구나 범할 수 있는, 평범한 사람도 저지를 수 있는 행위이다. 상사가 부하직원에게, 그 부하직원이 알바생에게, 그 알바생이 아파트 경비원에게……. 어떤 분야에서나, 누구나 해당된다. 인간관계 혹은 다양한 상황에서 우월한 지위에 놓이지 않는 사람은 없기 때문이다. 그러므로 타인에 대한 갑질은 물론이거니와 내 안의 갑질에도 경계의 끈을 늦추지 말아야 한다.

갑질의 정의부터 살펴보자.

갑질은 '경제적 사회적 우월한 위치에 있는 자가 차별이나 불공정한 행위를 하는 것'을 일컫는다. 따라서 갑질을 분별하는 기준은 차별과 불공정함이다. 갑질의 조건은 상대보다 우월한 지위나 상황이다.

그렇다면 갑질하는 사람의 심리는 무엇일까.

갑질하는 사람은 안정적이지 못한 심리상태를 가지고 있다. 분노를 조절 할 능력이 부족하거나 충동적 성향을 지니고 있다. 또한 현실 인식과 가치관이 지극히 자기 중심으로 형성되어 있다.

이들은 비열하게도 강자에게는 약자로, 약자에게는 강자로 돌변하는 행동 양식을 보인다. 권위나 권력 앞에서는 마냥 고개를 숙이지만, 자기보다 지위가 낮거나 형편이 열등하다고 여기면 저급한 행동을 일삼는다. 그동안 누군가에게 받은 차별이나 무시에 대해 마치 보복이라도 하려는 듯 과격한 행동과 거친 표현도 서슴지 않는다.

이들은 갑질을 통해 자신의 우월적 위치가 지켜진다고 믿는다. 일종의 자격지심의 표현이라고 볼 수 있다. 약자를 짓밟을 때 자신의 존재감을 느끼고, 약자를 통한 상대적 우월감을 확인하려는 욕망으로 갑질의 유혹에 빠지는 것이다.

이들은 대개 공감 능력, 즉 상대의 입장에서 상황과 조건을 헤아리는 능력이 떨어지는 양상을 보인다. 상대의 처지와 고통에 둔감한 탓에 자신의 갑질이 미치는 영향을 심각하게 받아들이지 않는 것이다. 오로지 자신의 욕망만을 앞세워 그것을 이루려고 한다. 그러다 보니 자신의 욕망을 가로막는 이를 냉정하고 가혹하게 대하는 갑질로 나타나는 것이다.

다양한 이해 관계 속 갑질 규제 어렵다

따지고 보면 갑질은 뿌리가 깊다. 시간을 거슬러 조선시대부터 폐해가 컸다. 가부장적 의식, 신분의 구분, 남존여비 등 지배층의 봉건적 통치 이념에서 비롯되었다고 볼 수 있다. 상하 관계로 인한 차별이 당연시 되었고, 가진 자의 욕망이 묵인되면서 불공정이 빚어진 것이다.

그럼에도 선조들은 애써 지키려는 미덕이 있었다. 그 미덕이 갑질의 횡포를 막는 방어 역할을 해 왔다. 곤경에 처한 이에게 손을 내미는 태도를, 자신의 이익보다 공동체의 안녕을 위한 배려를, 상대에 대한 존중의 마음을 미덕으로 여겼다.

그러나 서구 문명과 함께 급속한 산업 성장을 이루면서 우리의 문화 자체가 달라졌다. 물질 만능주의와 이기주의가 팽배해지면서 미덕으로 삼았던 존중과 배려가 퇴색되었다. 흔히 말하는 '많이 배운 자와 덜 배운 자', '가진 자와 못 가진 자'의 차별이 심해졌다. 계층 간 갈등의 골이 깊어지면서 갑질이 사회 전반에 걸쳐 확산되었다.

유감스럽게도 우리 사회가 어느덧 갑질에 익숙해진 느낌마저 든다. 갑질이라는 지적에 대해 '오래전부터 해 왔던 행동들인데 웬 호들갑이냐'며 생뚱맞은 표정을 짓는 사람들이 있다. 세상 삭막해졌다며 너스레를 떨기도 한다. '도대체 어디까지가 갑질인가'라며 반문하는 이들도 있다.

그럴 만도 하다. 갑질은 오래전부터 있어 왔기 때문이다. 다만 갑질에 해당하는 행위를 관행쯤으로 여기다 보니 둔감해진 것이다. 사실 갑질을 사회 문제로 여긴 것도 그리 오래 되지 않았다. 따라서 갑질의 경계에 대해 의문을 품을 만도 하다.

오랫동안 갑질의 위해 요소에 대한 명확한 규정이 없었다. 규제 법령이 갖춰져 있지도 않았다. 사회적으로 문제가 심각해지면서 정부에서 2018년 갑질 근절 종합대책을 마련했다. 관계 기관 합동으로 사전 예방부터 보호, 지원까지 5단계로 나누어 대책을 세웠다.

가해자에 대해서는 징계나 인사 조치를 하는가 하면, 행위의 정도에 따라서는 형사 처벌까지 하는 등 제재 수위를 높였다. 또한 피해자에 대해서는 법률 지원이나 심리상담 창구를 운영하여 구제받을 길을 만들어 놓았다.

하지만 민간 영역에서는 상황이 다르다. 고용 관계와 다양한 이해가 엮여 있다 보니 갑질에 대한 규제가 어렵다. 공공분야에 비해 피해 신고나 처벌 등이 취약해 근절하기가 여간 어려운 게 아니다.

법으로 모든 것을 통제할 수는 없다.

갑과 을의 구분 자체를 부정할 수 있을까? 불가능하다. 고용주와 피고용자, 생산자와 사용자, 판매자와 구매자, 원청과 하청…….

구분은 나쁜 것이 아니다. 구분은 질서를 위한 절대적인 장치이다. 마치 차선을 구분해야 질서가 유지되는 것과 흡사하다. 다만 문제는, 구분이 차별이 될 때이다.

최근 서울시를 비롯한 일부 지자체에서는 코로나 검사 행정명령을 내렸다. 대상은 다름 아닌 이주 노동자들이었다. 하지만, 국가인권위에서는 다른 결정을 내렸다. '합리적인 이유 없이 특정 집단을 구분해서는 안 된다'는 것이다. 외국인을 감염병 의심자로 낙인찍을 우려가 있고, 혐오와 차별의 위험이 있기에 비차별적 방역정책을 시행하라고 권고하였다.

행정명령을 내린 지자체의 행동은 내국인과 외국인을 단순하게 구분한 것이 아니라, 차별을 한 것이다. 차별의 근거는 분명하다. 외국인을 수평적 관계가 아닌 수직적 관계로 인식한 탓이다.

갑질의 잣대는 관계에 있다. 관계에 대한 문제를 먼저 해결해야 한다. 무엇보다 상호 수평적인, 동등한 관계가 유지되어야 한다.

"커피는 막내가 타는 거야."

당신의 이러한 말은 갑질인가, 아닌가?

관례와 구분으로 여긴 당신에게는 갑질이 아니다. 막내의 입장은 어떠한가. 업무와 무관한 일임에도 수직적 관계로 대했으므로 차별로 여길 것이고, 그렇다면 갑질이 분명하다.

'지렁이도 밟으면 꿈틀한다'고 하지 않던가. 때린 사람은 잊어도 맞은 사람은 기억한다. 갑질한 이는 자신의 행위를 대수롭지 않게 여겨도 당한 쪽에겐 깊은 상처로 남는다.

이러한 갑질이 반복되면 상당히 불안정한 심리 상태에 놓이게 된다. 분노와 좌절을 경험하게 되면서 우울증에 빠지거나, 매사에 소극적인 자세와 부정적인 태도를 보이기도 한다. 때로는 극단적인 선택을 하기도 한다. 항상 경직된 생활을 하다 보니 질병에 노출될 가능성마저 높아진다. 직장에서는 근무 의욕이 떨어져 생산성에 악영향까지 끼친다.

그렇다면 사회 전반에 미치는 영향은 어떠한가.

갑질은 사회 정의를 훼손시키는 행위이다. 사회 정의는 공동체의 안녕을 위한 절대적 가치이다. 반면 갑질의 내면에는 정의에 반하는 불평등과 부당함이 스며들어 있다. 갑질은 미움과 불신, 반목, 질시가 가득한 불안정한 사회를 만든다. 따라서 사회 전반에서 갑질을 근절하기 위한 노력이 필요하다.

어떻게 갑질 없는 공동체를 이룰 것인가?

첫째, 공감 능력을 기르는 것이다.

18세기 프랑스 혁명 당시 프랑스는 빈부격차가 심하고 재정이 어려운 시기였다. 당시 루이 16세의 왕비 마리 앙뚜아네트에게 신하가 "백성들이 빵을 달라고 합니다"라고 보고했다. 그러자 왕비는 "빵이 없으면 케이크를 먹으라고 하세요"라고 말했다.

기득권과 지배층의 몰이해와 공감 능력 상실은 많은 사람들을 분노하게 만든다.

기득권층뿐 아니다. 직장에서도, 이웃과의 관계에서도 상대방의 입장을 헤아리지 않으면 이기적인 판단을 하게 된다. 이런 것이 반복될 때 갑질하는 결과를 가져올 수 있다.

정부에서는 갑질이나 직장내 괴롭힘 금지를 위한 다양한 고민을 하고 있다. 하지만 아무리 잘 만들어진 법과 제도가 있다고 해도 갑질을 근절하기란 생각만큼 쉽지 않다. 개개인의 공감 능력을 기르는 훈련이 차라리 갑질 근절에 도움이 될 것이다.

둘째, 인간에 대한 존중이다.

행위와 존재. 인간에 대한 존중은 어느 쪽에 더 연관되어 있는가?

'행위는 비난할 수 있어도 존재를 비난해선 안 된다.'

자주 듣는 말이고, 전적으로 동의한다. 그렇다면 존중 역시 행위가 아닌 존재에 더 밀접한 셈이다.

누군가를 존중한다는 것은 차별하지 않겠다는 것이다. 인종, 연령, 성별 등 존재와 연관된 점으로 우열을 가리지 않겠다는 뜻이다.

갑질은 존재를 차별하는가 하면 존재의 우열까지 가르려고 한다. 그러므로 갑질이 가장 심각하게 훼손하는 것은 바로 존재에 대한 존중이다.

일반적으로 갑질은 상대의 행위에서 출발해 존재까지 확대해 간다. 갑질의 행태가 상대에 대한 예의와 존중이 무시된 채 벌어지는 또 다른 이유이다. 서로를 존중하고 상호 이해가 있다면 갑질은 설 자리를 잃을 것이다. '너와 나는 틀린 게 아니라 다르다'는 것을 인정하고 받아들여야 한다.

갑질 대상을 나의 가족으로 대체하여 바라보는 것도 도움이 된다. 만약 을의 입장인 사람이 내 아버지라면, 내 여동생이라면, 내 딸이라면 그렇게 함부로 대하지 않으리라. 내 가족이 누군가에게 이런 대접을 받을 수도 있다는 점을 생각하며 상대를 존중한다면 갑질은 줄어들 것이다.

셋째, 갑질에 대한 경계이다.

갑질이라기보다 자기 주장이고, 자기 권리를 찾기 위해서 한 행동이라고 생각할 수도 있다. 그러나 상대를 배려하지 않고 무시하는 행동이면 갑질이다. 특히 상대가 불이익이 있을 듯해 항변하지 못한다면, 사회적 약자를 향한 갑질이 된다.

세상은 변했다. 사회관계망 서비스(SNS)를 통해 모든 갑질은 세상에 실시간으로 알려지고 있다. 기업가뿐 아니라 일반인들의 갑질까지 매우 쉽게 노출되는 세상이 되었다. 그 결과로 잘 나가던 기업의 매출이 떨어져 한순간에 망하는가 하면, 존경받던 저명인사가 한순간에 명예를 실추하는 일이 벌어지고 있다. 개인도 마찬가지다. 누군가가 찍어서 올린 갑질 동영상 때문에 얼굴이 만천하에 공개되어 많은 사람으로부터 공분을 사는 세상이 되었다.

정의로운 삶이 요구되는 시대가 되었다. 정의가 경쟁력이 되었다.

사람들은 깨끗한 기업을 선호하고 그 기업의 제품을 산다. 또한 기업가의 선행이 알려지면 기업의 가치가 올라간다. 기부를 많이 하고 소외된 사람을 돌본 연예인에게 시청자들이 '국민 여동생', '국민 오빠'라는 호칭까지 씨가며 열광하는 이유이다.

정의로운 사회는 갑질이 없는 사회이다. 역설적으로 여전히 갑질이 벌어진다는 것은 정의가 그만큼 위협받고 있다는 의미이기도 하다.

갑질을 경계해야 한다.

혹여나 자신에게 있을지도 모르는 갑질 근성을 찾아서 버려야 한다.

소나무 숲에 잡목이 클 수 없듯이 존중과 배려와 이해 등이 튼실하게 자리 잡고 있을 때, 갑질은 생육 조건을 잃고 말 것이다. 그리고 우리 사회는 정의로운 숲을 이루게 될 것이다.

코로나19보다 더 무서운 전염병,
부정부패

전염병은 인간의 삶을 무참하게 파괴한다.

인류 역사에 기록된 가장 강력한 전염병은 페스트였다. 1347년 출현하여 3년 만에 유럽 인구의 3분의 1을 죽음의 늪으로 몰아넣었다. 사회 전체를 혼란에 빠뜨려 중세의 질서를 무너뜨리는 결정적인 역할을 하였다.

스페인 독감 역시 인류가 맞닥뜨린 크나큰 재앙이었다. 1918년에 발병하여 이듬해까지 무려 5천만 명이 희생되었다. 1차 세계대전 당시의 사망자가 1천 5백만 명이었으니, 그 피해가 얼마나 끔찍하였을지 짐작이 된다.

그로부터 정확히 한 세기가 흘러 전 세계는 코로나19에 속수무책 노출되었다. 국가와 지역 사회는 서둘러 차단의 벽을 세웠다. 하지만 수많은 사상자가 발생했고, 그 피해는 날로 심각해졌다. 경기는 회복의 기미를 보이지 않은 채 불황의 늪으로 치달리고 있다.

인류의 역사에서 과학 발전의 한 측면은 질병과의 투쟁이기도 했다. 페스트, 천연두 등 치명적인 바이러스를 과학의 진전을 통해 극복해 왔다. 코로나19 역시 백신과 치료제의 개발로 재앙의 공포에서 벗어나게 될 것이다.

그러나 질병이 퇴치되었다고, 인류는 예전의 삶을 회복할 수 있을까?

코로나19는 우리의 가치관까지 흔들어 놓았고, 공동체의 존중받던 미덕들은 어느덧 심각한 위협을 받게 되었다. 거리 두기와 비대면 등의 방식으로 사람이 사람을 피해야 마땅했으며, 접촉보다 차단에 익숙해졌다.

더 심각한 것은 질병 퇴치 후에도 달라진 인식 체계가 기다리고 있다는 것이다.

우리는 질병을 통해, 좋든 싫든 편의성과 효율성의 다른 가능성을 맛보게 되었다. 직접 접촉 없이도 온라인을 통해 교육을 받고, 비즈니스 회의를 하고, 쇼핑도 한다. 대면을 하지 않고도 모든 일이 가능하다는 것을 경험했다.

과정을 줄이거나 없애면서도 업무의 효율성은 높아졌다. 출퇴근 시간을 거리에서 허비하지 않아도 되고, 의견을 나눠야 할 사안도 컴퓨터로 간편하게 해결할 수 있게 되었다. 결국 소통의 기능적 요소, 즉 전달에만 집중하려는 현상이 만연화 되었다.

이러한 삶의 태도가 지속된다면 어떨까?

인류의 미래는 질병보다 더 무서운 결과에 직면하게 될지도 모른다. 개인주의와 이기주의가 만연할 것이며, 인간에 대한 존중 역시 희미해져 갈 수도 있다.

인류는 생존을 위해 공동체를 형성해 왔다. 단독 생활의 위험을 극복하기 위해 가족을, 이웃을, 사회를 이뤄왔다는 것이다. 공동체를 유지할 동력은 바로 소통이었다. 원시시대부터 사냥물을 획득하려면 여러 사람의 공조가 필요했다. 적의 위협으로부터 보호받기 위해 동료에게 도움을 요청했다. 이 모든 것이 소통이다.

하물며, 동물이나 곤충도 소통을 한다. 꿀벌이 적으로부터 위험을 알릴 때는 날개짓을 하거나 몸을 좌우로 흔든다. 소통이 차단되거나 의미가 축소될 때 인류는 공동체 유지에 위기를 겪게 되리라는 점은 쉽사리 예측할 수 있다.

코로나 바이러스보다 무서운 부패 바이러스

코로나19는 단지 생물학적 위협에 그치지 않았다. 우리의 내면에 깃든 보편적 가치, 공동체의 의미까지 감염을 시킨 셈이다.

내면의 상흔은 백신으로 치유되지 않는다. 코로나19 이후 인류가 맞닥뜨린 과제는 분명하다. 소통이 단절된, 혹은 왜곡된 의미를 어떻게 바로잡을 수 있는가 하는 것이다.

사실, 인류는 오랫동안 내면의 바이러스와 투쟁해 왔다.

바로 부패이다. 부패는 실제로 바이러스의 모습을 닮고 있다. 나 홀로 감염될 수 없듯이, 부패 역시 단순히 개인의 문제에 그치지 않는다.

부패가 무서운 건 바로 전염성 때문이다.

한 사회를 붕괴시키는 것은 거대한 담론에서 비롯되지 않는다. 작은 구멍이 뚫리면서 댐 전체가 무너지는 것과 같다. 작은 부패가 곧 더 큰 부패를 불러온다. 나의 부패는 동료의 부패로, 작은 공동체에서 전체의 부패로 이어지기 일쑤이다.

이러한 부패 바이러스를 방치하면 어떻게 될까?

공동체를 지키는 힘인 질서의 연결 고리가 끊어지게 된다. 비정상적인 흐름으로 인해 공공의 안녕은 무너지고, 결국 개인은 물론 구성원 전체의 삶이 피폐해질 수밖에 없다.

부패는 영어로 Cor+rupt이다.

라딘어 어원으로 살펴보면 함께 파멸한다는 뜻을 갖는다. 곧 부패는 단지 개인에 한정된 문제가 아니다. 공멸을 의미한다.

공멸을 피하기 위해, 인류는 오래 전부터 부패를 방지하고 견제할 방법을 모색해 왔다. 위정자는 제도를 마련했고, 종교는 도덕적 가치를 주장했다.

함무라비 법전은 세계에서 가장 오래된 성문법전이다. 그 기록 중에는 부패에 대한 강력한 규제를 볼 수 있다.

'어떤 자가 만약 뇌물로 곡물이나 금전을 받았다는 증거가 있다면

처벌하겠다.'

또한 구약성서에는 다음과 같이 부패를 경고했다.

'하나님은 불의하지 않으시며, 뇌물을 받지 않으신다.'

세계 최고의 부유국이었던 베네수엘라를 무너뜨린 부패

한 나라가 졸지에 암흑이 되어 버렸다.

교통 신호등은 꺼지고 달리는 지하철마저 멈춰버렸다. 병원에서는 환자들이 살려 달라고 아우성을 쳤다. 모든 세상이 암흑 속에 갇혔다. 현대판 지옥이 되어버린 셈이다.

초인플레이션으로 물가상승률은 800%가 아닌 800만%에 달했고, 산유국임에도 주유하려는 자동차들이 사나흘씩 주유소 앞에서 진을 쳤다. 인구의 90%가 식재료를 구입하지 못해 굶주림에 시달렸다. 생닭 한 마리를 사는데 최저 임금 기준 9년치 연봉을 써야 하는 지경에 이르렀다. 마침내 수많은 사람들이 생존을 위해 고국을 등진 채 난민 신세가 되었다.

영화 속 이야기가 아니다. 남미 베네수엘라에서 겪고 있는 작금의 실태이다.

베네수엘라는 지금 대공황보다 더 극심한 고통의 날들을 보내고 있다. 불과 얼마 전까지만 해도 믿기지 않는 일이 현실에서 벌어지고 있는 것이다.

1960년대 베네수엘라는 세계적으로 손꼽히는 부유국이었다. 석유 매장량이 세계 2위에 달하는 산유국으로 그야말로 희망이 넘치는 나라였다. 당시 국민 소득이 스위스나 미국과 비슷한 수준으로 경제적 풍요를 누렸으며 성장 가능성 역시 무궁무진했다.

그런 나라에 도대체 무슨 일이 있었던 것일까?

국가적 정전 사태가 벌어질 정도로 경제적 곤란함을 겪는 이유는 무엇일까? 나라의 경제를 지탱했던 그 많던 석유는 하루아침에 고갈이라도 된 것일까?

베네수엘라의 몰락 원인은 전문가의 시각에 따라 여러 갈래로 나뉜다. 그중에서 빠지지 않고 등장하는 원인이 부패이다.

1973년 대통령에 당선된 카를로스 안드레스 페레스는 당시 외국 회사에서 관리하던 석유 산업을 국유화하여 국영 석유공사를 설립했다. 관리가 소홀했기에 '국가 돈은 먼저 본 사람이 임자'라는 말을 증명이라도 하듯, 부패한 공직자들이 너 나 할 것 없이 사리사욕을 채웠다.

정경유착이 골수에 뿌리박힌 정치인들은 석유 판매 재원을 자신의 기득권 유지와 재산 증식에 이용하였다. 사법부를 비롯한 권력 기관은 정의 실현을 외면한 채 비리의 자금 조달 창구로 활용하였다. 결국 1980년대부터 몰락의 길에 들어서게 되었고, 지금은 대통령이 두 사람인 붕괴 직전의 나라가 된 것이다.

IT 분야 세계 최고, 부패 인식 지수 하위권인 나라

국제투명성기구(TI)는 1995년부터 매년 각 국가의 부패지수를 발표해 왔다.

2020년 우리나라 부패 인식 지수는 100점 만점에 61점으로 180개국 중 33위. 예년에 비해 상승한 순위다.

'이 정도면 좋은 성과가 아니냐'며 느슨한 생각을 가질 수 있다. 그러나 37개 OECD 국가만 놓고 볼 때 23위로서 지난 10년 동안 20위권을 벗어나지 못하고 있다면, 더 많은 노력이 필요한 것이다.

IT 분야에서는 세계 최고를 자랑하는 우리나라이다. 2020년도 기준 GDP(국내 총생산)는 세계 205개국 중에 10위 규모로 경제 성장을 이뤘다. 이미 4차 산업혁명은 우리 생활 속으로 들어 왔다. 자율주행 차가 도로를 달리고, 하늘에는 드론이 이미 활동 영역을 넓혀 가고 있다. 3D 프린터가 집을 짓고, 알파고와 인간이 두뇌 게임을 하고, 로봇은 인간의 다양한 분야를 잠식해 나가고 있다.

이렇게 빠르게 진화하는 시대의 흐름에 반항이라도 하듯이 멈춰 있거나 또는 가장 더디게 변화하는 게 바로 부정부패이다.

우리나라는 어느덧 세계가 주목하는 국가로 성장했다. 그럼에도 불구하고 부패에 대한 인식은 그 규모에 걸맞는 수준에 도달하지 못하고 있다. 여전히 부패 바이러스에 노출된 상태인 것이다. 부패 방지에 대해 적극적인 조치와 노력을 기울이지 않는다면, 우리 역시 베네수엘라의 전철을 밟을 수 있다는 의미이다.

창궐한 전염병에는 백신이나 치료제가 최선의 선택이다. 그렇다면 부패는 어떤 백신이 필요한 것일까?

정부에서는 청탁 금지법을 비롯해 '부패방지 및 국민권익위원회의 설치와 운영에 관한 법률' 등 각종 법령을 만들어 처방을 하고 있다.

그렇다면 문제는 해결되었을까? 여러 방지법이 시행되고 있음에도 여전히 녹록치 않다. 과연 법령만으로 부패가 줄어들 수 있을까, 라는 의구심마저 든다.

부패는 나만의 가치에 몰두할 때 발생한다

다시 코로나19로 돌아가자.

우리의 코로나 대처는 K방역이라는 호평을 들을 만큼 주목을 받았다. 그에 비해 최강국이라는 미국은 세계 최고의 감염률을 기록하는 처참한 실패를 낳았다. 다양한 각도에서 이유를 찾을 수 있겠지만, 그중 필자가 주목하는 점은 공동체를 향한 인식 수준이었다.

우리는 자신을 포함 타인을 위해 마스크 착용을 당연하게 여겼다. 반면 미국의 대중은 개인의 자유와 인권을 침해한다는 이유를 내세워 마스크를 거부하는 경향이 있었다.

부패 역시 같은 맥락으로 바라볼 필요가 있다. 나의 문제를 넘어 공동체를 위험에 빠뜨리는 문제로 부패를 인식해야 한다. 그래야 부패 바이러스를 몰아낼 수 있다.

부패는 삶의 태도에 한정된 문제일까?

만약 그렇다면 언제든 발생할 수 있다. 보다 근본적인 접근이 필요하다. 삶의 태도가 생각에서 비롯되듯이, 부패에 대한 인식부터 명확히 바로잡아야 한다.

부패는 삶의 가치관에 달린 문제이다.

공동체를 어떻게 바라볼 것인가 하는 가치관에서 출발해야 한다. 나의 부패가 공동체의 생존을 위협할 수 있다는 자각이 있을 때 부패에서 멀어질 수 있다.

혹자들은 부패를 조장하는 사회 분위기를 개탄한다. 어찌 보면 그럴 만도 하다. 주변을 돌아보면 우리를 유혹할 만한, 부패의 나무에서 자라난 불법과 탈법과 편법의 가지들은 여전하기 때문이다.

자녀 입시와 취업비리, 병역특혜, 이권 개입과 청탁 행위…….

결국, 부패는 나만의 가치에 몰두할 때 벌어진다. 공동체를 향한 가치를 제대로 인식한다면, 섣불리 유혹에 빠져들 리가 없다.

그렇다. 부패 방지는 나의 가치는 물론 우리 모두의 공통된 가치 기준을 존중할 때 가능한 명제이다. 그때 비로소 아름다운 세상, 모두가 행복한 사회가 될 것이다.

제4부

소소한 정의가 주는 큰 행복

내 안에 슈퍼맨이 산다

미래는 어떤 모습, 내일은 어떤 변화로 우리에게 다가올까?

내일은 단지 기대하는 것이 아니다. 오늘을 통해 만들어지는 것이다.

정의 역시 마찬가지다. 내일의 정의는 저절로 다가오지 않는다. 지금 정의를 위해 노력하지 않는다면 내일의 정의 또한 오늘과 같은 수준이라는 것을 기억해야 한다. 인류가 이룩한 정의 또한 이러한 과정과 노력의 결실인 셈이다.

하지만 때때로 한계와 맞닥뜨린다. 그럴 때마다 우리는 그 한계를 해결하고자 무엇인가를 이상 속에서 그려내고 창조했다.

바로 영웅의 등장이다.

하이테크로 무장한 전용차를 타고 검은 망토를 펄럭이며 어둠을 뚫고 박쥐처럼 나타나는 남자. 부정부패와 악이라면 잡초를 솎아내듯 뿌리까지 뽑아야 직성이 풀리는 남자.

악당들을 응징하는 영화 〈베트맨〉을 보며 짜릿함으로 밤을 지새 웠던 기억이 누구나 있을 것이다. 당시 많은 아이들이 베트맨의 대 사나 행동을 따라하며 영웅 흉내를 내곤 했다. 필자 역시 어린 시절 영웅이 등장하는 영화에 마음을 빼앗겼고, 지금도 같은 종류의 영화 는 빼놓지 않고 본다.

대중에게 본격적으로 알려지기 시작한 영화 속 영웅은 단연 〈슈 퍼맨〉이다. 1978년 처음 등장하였다. 아이들은 슈퍼맨의 상징인 푸 른색 망토를 걸치고 하늘을 날아가는 흉내를 냈고, 어른들은 악을 무찌르는 통쾌함에 일상의 시름을 달랬다. 그후로 슈퍼 히어로 영 화는 흥행의 보증수표로 자리매김하면서 쏟아져 나왔다. 〈스파이더 맨〉, 〈아이언맨〉, 〈원더우먼〉, 〈아쿠아맨〉 등등.

우리는 왜 영웅들이 나오는 영화에 그토록 열광하는 것일까. 화려 한 CG 액션의 시각적 효과 때문이었을까.

영화는 시대의 반영이다. 외형적 기대보다 더 강력한 내면의 갈망 이 있었을 것이다. 답답한 마음을 탄산음료처럼 뚫어주는 통쾌한 내 용이 단단히 한몫 하였다. 하지만 무엇보다 악을 처벌하는 강력한 힘을 가진 주인공을 응원하며 대리만족을 얻고 싶었을 것이다. 영향 력을 끼칠 위치에 있는 사람들이 영화 속 주인공처럼 이타적 행동으 로 사회적 책무를 다해 주기를 바라는 갈망이었으리라.

사회적 책임을 지닌 사람의 높은 도덕적 의무를 '노블레스 오블리 주'라고 한다.

1808년에 가스통 피에르 마르크라는 프랑스의 정치인이 처음 사용한 용어이다. 그러나 노블레스 오블리주의 역사는 더 오래 전으로 거슬러 올라간다.

고대 카르타고 군사령관 한니발. 그는 2차 포에니 전쟁에서 로마의 본토 이탈리아반도까지 진격했다. 당시 로마의 최고 집정관 13명이 한니발에 맞서 전장에 앞장서 나갔고, 모두 전사를 했다.

집정관은 1년에 두 명만 선출된다. 당시에는 최고 권력자로서 막강한 권력을 지니고 있었다. 이들은 국가 위기의 순간마다 솔선수범해 전쟁에 참여했다. 그러나 안타깝게도 선두에서 부하들을 이끌었기에 대부분 죽음을 맞이했다.

이들의 죽음은 고귀한 희생으로 추앙받았다. 그 전통이 이어져 2천 년 동안 로마제국을 유지하고 이끌어 온 노블레스 오블리주 정신으로 자리를 잡은 것이다.

오랫동안 노블레스 오블리주는 선택이 아닌 의무로 받아들여 왔다. 그러나 언제부터인가 그 전통과 가치가 퇴색되는 듯하다.

사회적 책무를 져야 하는 사람들이 저지른 무책임한 행위

자본주의는 자본이 막대한 영향력을 지니는 사회이다.

마찬가지로 부는 삶의 중요한 가치이자 목표로까지 확대되었다. 부를 획득하는 수단으로 공부를 하고, 월급 수준을 따라 직장을 선택하고, 노후의 안정을 위해 부를 축적한다.

부모들은 자식을 위해 허리끈을 조이며 열심히 살아간다. 자식이 궁핍하지 않게 살수 있도록 도움을 주기위한 것이다. 그러나 부모의 도움이 단지 경제적 도움에 그쳐선 안 된다. 부에 합당한 책임을 유산으로 물려줄 수 있어야 한다.

매스컴에서 가진 자의 횡포 사례가 심심치 않게 들려온다. 부에 따르는 사회적 책임이 등한시되고, 그 가치가 외면 받기 때문에 일어나는 일들이다.

물론 사회적 기여를 하는 상류층도 많다. 반면 자신의 이득을 위해 지위와 재력을 이용해 각종 혜택을 독차지하려는 이들 또한 많다.

모 그룹 회장이 여러 비리로 자주 세간의 이목을 끌었다. 일감 몰아주기와 자녀들의 회사를 이용한 통행세 가로채기를 일삼았으며 심지어 직원에 대한 갑질 사건까지 알려졌다. 최근에는 500억 원에 달하는 상속세도 납부하지 않았다고 밝혀졌다. 결국 경영권을 박탈당하는 사태까지 이르렀다.

40대 나이에 그룹의 총수가 된 2세 경영인이 있다. 젊은 나이와 참신한 발상으로 스타 경영인이 되어 주목받았다. 하지만 이면에는 어두운 그늘이 있었다. 병역 비리 의혹, 경영권 승계 과정에서의 불법이 드러났다.

한 국회의원이 모 대학을 방문하였다. 우연의 일치인지, 그 이후 대학에 특별한 입시 전형이 만들어졌다. 국회의원의 자녀를 입학시키기 위한 전형이었다는 의혹을 받았고, 전형적인 권력형 입시 비리라는 공분을 샀다.

　어디 이들뿐이겠는가. 정치인과 기업인 그리고 사회적 책무를 져야 하는 사람들이 저지른 무책임한 행위는 차고도 넘친다.

　취업과 인사 청탁, 병역 비리, 탈세, 불공정 거래, 비자금 조성, 불법 자금 해외 유출, 횡령, 부동산 투기, 위장 전입, 허위 재산 신고…….

　이들에게 노블레스 오블리주를 기대한다는 것은 애초부터 욕심이다. 마치 약속이라도 한듯 자신의 무책임을 정당화하고 있다. '모두가 허위다', '정치 보복이다', '괘씸죄에 걸린 것이다'라는 식으로 책임을 전가하며 궁색한 변명을 늘어 놓고 있다.

　국민이 사회 지도층에 주목하는 이유는 그들의 영향력 때문이다. 사소한 행위일지라도 대중에게 미치는 파급력은 실로 크다. 그러므로 지도층에게는 특히 높은 수준의 도덕과 책임이 필요한 것이다.

　하지만 현실에서는 오히려 반대 양상이 자주 눈에 띈다. 자신들이 누리는 혜택을 마치 전유물인 양 인식한다. 무책임과 불법을 태연하게 저지르며 더 많은 부와 더 막강한 권력을 쌓기에 급급하다.

진정한 노블레스 오블리주 정신은 이런 것이다

　역사와 전통을 자랑하는 '이튼칼리지'는 영국 최고의 사립학교이다. 상류층과 부유층 자녀가 다닌다. 찰스 왕세자와 그의 자녀가 졸업했고, 16명의 영국 수상을 배출하였다. 명문가 자녀들의 학교이지만, 그들만의 공동체라고 비난의 대상으로 삼진 않는다. 이유는 그에 합당한 책임을 다하기 때문이다.

일례로 1, 2차 세계대전 시 졸업생을 비롯한 학생 1만 2천 명이 앞장서 출전하였다. 그중 2천여 명이 전사했다. 이러한 사회적 책임은 역사와 전통이 되어 세계 최고라는 명성을 이끌어냈다.

프랑스 노르망디 해안을 따라 올라가다 보면 '칼레'라는 작은 항구도시가 나온다. 이 도시에는 '칼레의 시민'이라는 로댕의 조각이 있다. 조각의 유래는 이러하다.

14세기 백년전쟁 당시 칼레는 영국군에게 포위를 당했다. 칼레의 시민들은 1년 동안 저항했지만 더는 버틸 수 없어 항복하고 말았다. 칼레의 끈질긴 저항에 분노한 영국 왕 에드워드 3세는 말했다.

"칼레의 시민들을 하나도 남김없이 죽이겠다."

칼레시는 사절을 통해 여러 차례 목숨을 구하는 간청을 했다. 왕은 뜻을 받아들이겠다며 조건을 제시했다. 대표 여섯 명을 뽑아 보내면 그들을 처형하겠고, 대신 시민들은 살려준다는 것이었다.

칼레 시민들은 혼란에 빠졌다. 누구를 선택할 것인가. 논의를 이어가지만 서로의 눈치만 살필 뿐 누구도 선뜻 나서지 않았다.

그때 칼레에서 가장 부자인 외스타슈 드 생 피에르가 처형을 자청하고 나섰다. 이어서 시장, 상인과 아들, 법률가 등 사회적 지도층들이 하나둘씩 처형에 동참했다.

하지만 무슨 일인지 영국 왕 에드워드 3세는 시민 여섯 명을 처형하지 않았다. 오히려 그들의 고귀한 희생정신을 인정했다. 다수를 위해 자신들의 목숨을 내놓은 칼레의 사회 지도층은 오늘날까지 노블레스 오블리주의 상징이 되고 있다.

칼레의 부자 피에르가 자신의 결단에 대해 어떤 말을 남겼는지는 드러나 있지 않다. 그럼에도 어렵지 않게 상상할 수는 있다. 가장 많은 혜택을 누린 자로서 당연히 지켜야 할 책임이라고.

노블레스 오블리주는 누구에게나 해당된다

노블레스 오블리주는 아름답고도 숭고한 희생이다. 그렇다고 단순한 선택 사항이 아니다. 도덕적 가치의 실천이자 사회적 책무이다. 소위 말하는 사회 지도층들의 부와 명예는 오직 그들 자신이 일군 것은 아니라는 것이다. 자신들은 우월한 자질인 양 허세를 부리지만, 착각이다. 누군가의 헌신이 있었기에 그들이 지금의 위치까지 도달할 수 있었던 것이다.

기업인의 성공에는 직원의 땀과 수고가 있었다. 국회의원의 당선은 불공정과 편법이 없도록 해달라는 지역 주민의 기원이 있었다. 이렇듯 특권은 자신들이 만든 게 아니라 사회 전체가 부여해 준 것과 다름없다. 엄정하게 말하면 일종의 빚인 것이다.

따라서 지위에 걸맞게 행동하여야 한다. 지도층의 사회적 책무는 권리가 아니라 의무이기 때문이다.

그렇다면 노블레스 오블리주는 특권층에게만 한정된 것일까?

일반인들은 사회적 책무를 지지 않아도 되는 것일까?

한 국가의 구성원들은 모두 어떤 식으로든 사회로부터 혜택을 받고 있다. 마땅히 그 혜택에 맞는 도덕적 책무를 지녀야 한다. 그러므로 노블레스 오블리주는 누구에게나 해당되는 의미이다.

예컨대 대학을 나왔으면 못 나온 사람보다, 직장을 가졌으면 실직자보다, 직급이 높으면 낮은 사람보다, 건강하다면 병약한 사람보다 사회적 혜택을 받고 있는 셈이다.

이렇듯 사회와 이웃으로부터 어떤 형태로든 눈에 보이지 않는 무수한 혜택을 받고 있다. 혜택은 빚이고, 빚을 갚기 위해서는 베풀어야 한다. 사람들은 가진 게 없어서 베풀 게 없다고 말하지만 내가 무엇을 할 것이며, 어떻게 할 것인가를 깊게 고민해 보면 사회와 이웃에 기여하고 돌려줄 것들은 넘쳐나도록 많다.

자신이 받고 있는 혜택을 능력의 결과물로 당연하게 여긴다면, 노블레스 오블리주는 그저 몽상 속에서만 존재하게 될 것이다.

설사 공정한 경쟁으로 얻은 혜택일지라도 마찬가지이다. 나의 혜택으로 인해, 의도치 않았더라도 누군가는 희생을 감수하고 있기 때문이다.

그러므로 노블레스 오블리주는 차라리 신념의 차원에 가깝다.

있는 자, 누리는 위치에서만 행할 수 있는 선행이 아니라, 우리 모두 마음에 새겨야 할 가치의 문제이다.

정의의 수호자, 슈퍼맨은 어디에 있는가?

내 안에 있다. 내 안의 노블레스 오블리주의 모습으로 함께 살고 있다.

이 시대의 진정한 영웅은 기업인도 정치인도 아닌, 사회적 책임을 다하는 사람이다.

사회적 책임, 그 가치를 지키고 존중할 때 정의로운 사회가 꽃 피게 될 것이다.

그러므로 우리 모두가 슈퍼맨이 될 수 있고, 또 되어야 한다.

공감이 빠지면 꼰대가 된다

"선배님, 안녕하세요."

"자네가 여기 웬일인가?"

"강의 마치고 내려가는 길입니다. 선배님께서는 여기 어쩐 일이세요?"

"딸래미가 손주를 낳아서 보러 가는 중이네."

기차역에서 우연찮게 퇴직한 지 6개월 지난 선배를 만났다. 함께 근무할 때 워낙 깐깐하고 고집이 세서 업무적으로 여러 번 부딪힌 아픈 기억이 있었다. 간단히 인사만 하고 지나칠 참이었는데 한사코 커피 한잔을 하자며 손을 이끌었다.

"퇴직하시니 얼굴이 더 좋아 보이십니다."

"그렇게 보이면 다행이고."

이런저런 이야기를 나누다가 선배는 뜻밖의 고백을 했다.

"몇 년 전에 회의 석상에서 자네에게 면박을 줬지, 기억하나? 사실은 자네 의견이 맞다는 것을 알면서도 받아들이고 싶지 않았네. 자네의 직언을 무시했던 점, 미안하네."

선배님의 현직 모습은 적진을 향해 돌진하는 장수와도 같았다. 남의 조언이나 충고를 한낱 지적질로 여겼다. 무조건 '안 돼' 무조건 'go'만 외쳤다. 직원들이 차 한잔 마시며 이야기 나누는 꼴을 보지 못했다. 오로지 일 중심의 사고 방식인지라 사무실은 그야말로 컴퓨터 자판 두드리는 소리만 들렸다.

공감 능력이 떨어지는, 요즘 말로 대표적인 '꼰대'였다.

어느 조직이나 꼰대들이 있기 마련이다. 특히 직장생활 좀 했다는 상급자 중에서 종종 눈에 띈다. '내가 몇 년을 근무했느니', '요즘 애들은 열정이 없다느니', 근무 기간이나 직급, 전문성 등을 자랑하며 주위 사람들을 싸잡아 무시하는 부류들이다.

자신들이 조직의 생리나 시스템을 모두 안다고 야무지게 착각을 하고 있다. 그야말로 책상머리에 앉아 해박한 이론만을 가지고 이러쿵저러쿵 딴지를 걸기도 한다. 해당 부서 실무자의 의견을 묵살하는 것도 부족해 때로는 갑질까지 일삼는다. 결국은 이들로 인해 조직의 갈등이 깊어지며 반목과 불화가 끊이지 않게 된다.

몇 해 전 필자가 80세 넘으신 어머니와 김장을 담그다 나누었던 이야기가 생각난다.

요즘 어머니의 김치가 짜다며 어린아이처럼 투정을 부렸다. "나이를 먹다 보니 입맛이 변해 가는가 보다"며 웃으셨다.

"세월이 지나면 사람이든 물건이든 변하는 게 당연하지. 하지만 변하지 않는 원칙이 있단다."

어머니의 원칙은 바로 양보였다. 함께하는 어울림이었다.

한 조각의 김치일지라도 홀로 되지 않는다. 살이 통통하게 오른 배추는 3년 묵은 천일염을 만나야 하고, 청정바다에서 잡은 멸치가 곁들여져야 하고, 여름내 태풍과 장마를 이겨내고 햇볕에 빨갛게 익은 고춧가루로 잘 버무려져야 한다.

김치 하나에도 자연의 섭리와 어머니의 정성이 서로 어우러져 있다. 김치 맛은 재료와 양념이 서로 욕심을 부리지 않고 어울리는 '공감'이 이루어져야 제대로 나는 것이다. 너무 과하지도, 그렇다고 너무 부족하지도 않게 딱 자신의 역할만큼.

인간의 세상살이도 마찬가지다. 서로 배려하고 양보할 때 어울림, 즉 공감 능력이 높아지고 좋은 관계가 된다.

우연히 만난 퇴직 선배는 업무 처리 능력도, 전문적 식견도 갖췄다. 그럼에도 선뜻 다가가는 후배들이 없었다. 오히려 충돌과 대립이 잦았다. 공감 능력이 한참 부족했던 셈이다.

공감을 못 하는 원인은 독선에 있다

사람들은 자신이 경험하고 학습한 걸 기준으로 세상을 바라본다.

자신뿐만 아니라 타인 역시 같은 기준을 갖고 있다고 인정하면 문제가 없다. 그러나 자신만이 옳다고 여겨 타협과 양보 없이 아집을 부리면, 결국 독선이 된다. 독선을 주의해야 한다. 공감치 못 하는 원인이 바로 독선에 있기 때문이다.

흔히 독선적인 사람은 자신의 프레임이 절대적이라는 생각을 갖고 있다. 오로지 자기중심적 시각으로만 타인과 문제를 바라본다.

"내가 이 분야의 전문가야. 네 의견은 중요하지 않아. 무조건 따라와."

독선은 스스로의 생각을 옳다고 굳게 믿는다.

타인의 입장을 고려치 않고 자신의 판단을 강요한다. 그러다 보니 선과 악, 공정함과 부당함 역시 자기 기준에 따라 결정하는 우를 범하게 된다.

코로나19가 횡행하면서 모 종교단체에 대한 비난이 거셌다. 그럴 만했다. 몇 차례의 집단 감염이 해당 종교단체로부터 비롯되었기 때문이다. 정부가 예방 정책으로 정한 '집회 금지', '5인 이상 모임 금지' 등 사회적 거리두기를 따르지 않았다. 종교적 신념을 앞세워 모임을 감행했지만, 사실은 독선적 결정이라는 혐의에서 자유로울 수 없었다. 독선이 행동으로 옮겨졌을 때, 얼마나 위협적인지 단적으로 보여준 사례였다.

독선은 생각의 독재이다. 그러다 보니 다른 가치와 판단이 들어설 틈이 없다. 또 독선은 폭력의 시작이다. 그 생각이 행동으로 옮겨지는 순간, 타인의 권리에 치명상을 가한다. 따라서 독선은 개인의 기호와 취향에 그치지 않는다. 타인의 권리, 공동체의 안녕까지 위태롭게 만든다.

역사에 기록된 악인의 행적을 살펴보면 그 악행의 근원을 알 수 있다.

히틀러, 무솔리니, 스탈린……. 그들은 한결같이 독선에 사로잡혀 있었다. 그들은 '정답은 언제나 나에게 있다'는 독선적인 생각을 했다. 독선적 생각에서 나온 독선적 행동은 독재, 억압, 불의, 전쟁으로 이어졌다.

'유대인의 존재가 타민족의 생존을 해친다. 그들은 기생충과 같은 존재로 박멸해야 한다.'

히틀러가 그의 저서 《나의 투쟁》에 기술한 내용이다. 이쯤이면 독선의 최정점이라 할 만하다. 그리고 독선적 생각이 행동으로 옮겨진 결과, 인류 역사상 가장 끔찍한 6백만 명의 유대인 학살이 벌어졌다.

독선은 정의의 문제이다

자신의 마음에 들지 않는다고 비행기를 돌리는 재벌 2세.

이유는 땅콩을 나눠주는 승무원의 태도가 마음에 들지 않는다는 것이었다. 승무원의 입장에 서서 생각해봤다면, 상대방에 대한 배려와 존중이 있었다면, 아니 공감의 시작인 소통의 의사가 있었다면 온 나라를 들쑤신 혼란을 일으키지 않았을 것이다.

주변에서 일어나고 있는 직권남용, 갑질 등 반사회적인 행동들은 대부분 독선에서 출발한다. 즉 공감 능력의 결여인 셈이다 생존을 위해 음식물을 섭취하지만, 그 속에는 생존을 위협하는 독소도 담겨 있다. 마찬가지로 우리의 생각과 행동에는 일정 부분 독선이 있다. 독선은 학습과 경험을 통해 우리 내부에 쌓인다. 원하든 원하지 않든, 우리는 예외 없이 독선적인 내면을 지니고 있는 것이다.

몸의 독소를 빼주는 방법의 하나는 운동이다. 그렇다면 생각과 행동의 독선을 제거하는 방법은 무엇일까?

공감(共感)이다. 타인의 생각과 감정을 타인의 입장에서 판단하고 느끼는 것이다.

'내 생각도 그래.'

'화가 많이 났네.'

이런 식의 공감만으로는 생각과 감정의 일치를 이루기 부족하다. 즉 마지못해 하는 공감인 셈이다.

'아, 그렇게 생각할 수도 있겠네.'

'나라도 화가 날 만하겠어.'

공감은 차분하고 진정성 있게 상대의 입장에 서 보는 것이다. 그리고 생각과 감정을 알아주는 것이고, 나아가 자신의 행위가 타인에게 미칠 영향을 살피는 것이다.

다시 퇴직 선배 이야기로 돌아가자.

선배는 꼰대였다. 선배로선 억울할 수도 있다. 사실 자신의 이득을 취하진 않았다. 후배들에게 공무원으로 맡은 바 소임을 강조했다. 그러나 명령에 충실했을 뿐 소통은 없었다. 후배의 입장에서 생각하고 행동하지 않았다. 즉 공감보다는 독선의 모습으로 일관하였던 것이다.

꼰대가 꼰대일 수밖에 없는 이유가 있다. 꼰대가 아닌 세대의 생각과 행동에 공감할 자세를 갖추지 못했기 때문이다.

꼰대는 참으로 서글픈 이름이다. 소통과 공감 능력이 떨어진다는 낙인이기 때문이다.

정의의 목표는, 더불어 함께 행복한 세상을 만드는 것이다.

나의 정의로 사회가, 사회의 정의로 내가 행복을 얻는 것이다.

언제나 둘 사이에는 공감의 접점이 존재하기 마련이다.

만약, 정의에 공감이 빠진다면 어떻게 될까?

공감이 결여된 정의는 독재가 되고, 꼰대가 되어 그저 통치의 수단으로 전락하고 말 것이다. 또한 나와 사회의 접점은 끝없이 멀어질 것이다.

정의가 제대로 실현되기 위해선 공감의 토대 위에 있어야 한다. 법 조항이 닿지 못한 부분까지 헤아려 보듬을 수 있는 것이 정의이다. 결국, 정의는 법보다 상위 개념인 것이다.

사회 정의는 용기를 먹고 자라는 나무

어느 날 농부가 들에서 커다란 알 하나를 주웠다.

독수리 알이었다. 농부는 차마 버릴 수가 없어 닭장의 둥지에 넣어두었다. 어미 닭은 자신의 알인 줄 알고 정성으로 품었다. 어미 닭은 부화한 병아리들 중에서 유독 다르게 생긴 녀석을 발견하였다. 그러나 대수롭지 않게 여겼다.

녀석은 다른 닭들과 같이 '꼬꼬'하며 울었고, 물 한 모금 먹고는 꼭 하늘을 쳐다보았다. 그리고 배가 고프면 부리로 땅을 들쑤셔 벌레나 곤충을 열심히 잡아먹었다.

시간이 지나면서 녀석에게는 여느 닭들과 다른 변화가 일어났다. 부리와 발톱이 날카로워지고, 몸집이 커졌다.

어미 닭은 녀석이 독수리인 걸 알아차렸고, 녀석에게 출생의 비밀을 들려줬다.

"애야, 너는 닭이 아니라 하늘의 제왕 독수리란다."

어느 야심한 새벽, 족제비가 닭장을 넘어왔다. 어미 닭은 병아리들을 품고는 다급하게 독수리에게 말했다.

"너는 독수리니까 족제비와 맞서 싸워라. 너라면 쉽게 이길 수 있단다."

그러나 독수리는 싸우지 않았다. 오히려 어미 닭의 품에 커다란 머리를 처박은 채 겁에 질려 날개를 부들부들 떨었다.

어미 닭은 죽기를 각오하고 처절하게 족제비와 맞서 싸웠다. 다행히 새끼들을 지켜 낼 수가 있었다.

어느 날 어미 닭은 독수리를 데리고 언덕으로 올라갔다.

"너는 독수리니까 날 수 있다. 높이 날아올라 봐라."

그러나 독수리는 날기는 커녕 푸드덕거리다 소리쳤다.

"나는 닭이라고요!"

독수리는 자기 존재를 부인했다. 그 결과 나약한 닭으로 살아야 했다. 족제비와 싸울 수 있는 능력을 갖췄지만 줄곧 회피하며 나약하게 살 터였다.

두려움 앞에서 무엇을 택할 것인가

정지. 도망. 투쟁.

두려움에 대처하는 세 가지 반응이다.

정지는 지극히 수동적인 반응으로 상대의 선택에 따라 자신의 운명이 결정된다. 도망은 요행을 기대하는 행동이다. 용케 성공할 수 있지만, 두려움의 요인이 여전히 남는다. 마지막으로 투쟁은 두려움의 대상과 적극적으로 맞서는 자세이다. 싸워 이긴다면 같은 대상에게는 더 이상 위협을 받지 않는다. 이를 위해선 용기가 필요하다.

우리는 불의에 대해서 어떻게 대처할 것인가?

2020년 8월 서울 지하철 2호선에서 있었던 일이다.

코로나19로 인해 전철 안에서 마스크를 써야 하는 것은 사회적 약속이자, 의당 지켜야 할 행동 지침이다. 그런데 마스크를 쓰지 않은 채 중년의 사내가 지하철을 탔다. 사람들은 웅성거렸다. 하지만 선뜻 나서지는 못했다.

잠시 후 승객 중 누군가 '마스크를 쓰세요'라고 말했다. 갑자기 자리에서 일어난 사내는 다짜고짜 승객에게 다가가 욕설을 퍼부으며 신고 있던 슬리퍼를 벗어 얼굴을 때렸다. 다른 승객이 제지하자 그에게도 욕과 폭행을 가했다.

지하철은 50대 남자로 인해 무법지대가 되었다. 하지만 몇몇 사람을 제외하고는 대부분 구경거리라도 난 양 행동으로 나서지 않았다.

2017년 부산 여중생 폭행사건이 있었다.

당시 또래 가해 여학생들이 무려 1시간 30여 분 동안 피해 학생을 끌고 다니며 폭행을 했다. 주변에는 많은 사람들이 있었지만, 어느 누구 하나 도움을 주지 않았다.

이처럼 불의에 침묵하거나 외면하는 일이 잦아지고 있다. 타인의 일이라는 생각으로 개입하지 않는다. 더러는 괜스레 나섰다가 피해를 당하지 않을까, 하는 비겁한 마음에 눈을 돌려 버린다.

우리는 공동체 안에서 사회적 관계를 맺으며 살아간다. 이런 이유로 공공의 이익에 주목한다. 그러나 혹자들은 공공의 이익이 각 개인의 이익과 상관없으며 심지어 상반된다고 푸념을 늘어 놓는다.

과연 그런가?

두 가지 상황이 벌어졌을 때 주변에서 손 놓고 쳐다만 보았던 이들은 정지와 도망을 선택한 것이다.

마치 '나비효과'처럼, 타인에게 행해진 불의와 손실은 어떤 식으로든 나에게도 영향을 미친다. 지하철 사내의 행동을 누군가 저지하지 않으면 그런 일은 반복되게 일어날 것이다. 결국 사회적 약속이 무의미해지고 만다. 부산 여중생 폭행 또한 그렇다. 가해 여중생들은 아무도 말리지 않았던 경험으로 또 다른 폭행을 시도할 가능성이 높다. 그게 내 가족이 아닐 거라고 누가 장담하겠는가.

우리가 사회적 정의를 지켜야 하는 이유

우리는 왜 사회적 정의를 외치는가? 공공의 정의가 지켜질 때 개인의 권리가 보호받을 수 있기 때문이다.

공공의 정의를 위협하는 요소는 결코 나와 무관한 일이 아니다. 둘은 밀접하게 연결되어 있다. 따라서 당장 피해가 없다고 침묵하는 건 옳지 않다. 정의를 지키기 위해서는 불의를 보고 정지 상태로 있거나 도망칠 일이 아니다. 불의와 맞서 싸워야 한다. 그러기 위해선 용기가 필요하다.

'정의 없는 힘은 폭력이고, 힘 없는 정의는 무능이다.'

프랑스 사상가 파스칼의 말이다.

힘을 용기로 바꿔도 적절한 의미가 된다. 인류 역사를 살펴봐도 정의를 지키기 위해선 언제나 용기가 필요했다. 간디의 비폭력 저항 운동도 용기요, 안중근 의사의 이토 히로부미 저격도 용기요, 흉기로 시민을 위협하는 강도를 맨손으로 맞선 경찰관의 행위도 용기다.

물론 정의는 공동체 전체가 용기를 발휘할 때 가장 빛을 발한다. 하지만 전체가 한 마음으로 합쳐질 때까지는 누군가 앞장서 용기를 발휘해야 한다. 그 누군가에 의해 또 누군가 용기를 발휘할 때 정의는 확산되는 것이다.

울산에서 있었던 일이다.

길을 가고 있는 고등학생 3명이 놀랄 일을 목격했다. 70대 할머니가 20대 남성에게 '묻지마' 폭행을 당하고 있었던 것이다. 학생들은 힘을 합쳐 할머니를 구했고, 경찰에 신고해 폭행범을 체포하도록 했다. 학생들은 무서웠지만, 할머니를 구타하는 모습을 보고 용기를 냈다고 했다.

이렇듯 우리 주위에는 불의와 맞서는 용감한 사람들이 의외로 많다.

자신을 성폭행한 코치를 신고한 어느 국가대표 선수. 검찰이나 법원에 맞서 잘못된 관행을 바로 잡고자 하는 평범한 시민의 1인 시위. 직장 내에서 이루어지고 있는 갑질을 신고한 회사원.

때론 수치심을 누르고, 명예를 생각하지 않고, 자신의 신변에 위협을 느끼면서도 불의에 침묵하지 않았다.

이러한 용기를 먹고 자라는 나무가 바로 사회 정의이다. 보신주의가 아니라 공공의 이익을 위해 싸울 때 사회 정의는 더 깊이 뿌리내리고 더 높이 자란다.

'용기는 정의가 수반되지 않는 한 무가치하다. 하지만 모든 이가 정의로워지면 용기는 불필요해진다.'

프루타크 영웅전에서 최고의 군주로 칭송받은 스타르타의 왕 아게실라우스 2세의 말이다.

모든 이가 정의로워지는 세상이 되길 바란다.

그때까지 우리는 끊임없이 불의와 용기 있게 맞서야 한다. 그리하여 마침내 용기 자체가 불필요한 사회 정의가 꽃 피길 바란다.

이 정도가 범죄라고?

"이깟 게 얼마 한다고 커피 값에 포함시켜 계산을 하나요?"

날카로운 소리가 카페에 울려 퍼졌다. 고개를 돌려보니 중년의 여인이 벌겋게 달아오른 얼굴로 주인에게 언성을 높이고 있었다.

"그리고, 지금 나를 도둑 취급하는 거예요? 기분 나빠서 다시는 여기 못 오겠네."

여인이 요란하게 문을 열고 나가는 것으로 소동은 끝이 났다.

종종 찾는 카페인지라 주인에게 소동의 이유를 물었다. 주인은 한숨부터 내쉬었다. 일부 손님들이 냅킨과 빨대는 물론 인테리어 소품까지 가져간다는 것이었다. 특히 소품은 카페 분위기를 위해 외국에서 구입한 것들이었다.

"카페 오픈한 지 6개월 만에 소품의 절반가량이 없어졌습니다. 금액 면으로도 적지 않지만, 무엇보다 몰래 물건을 가져간다는 생각 때문에 더 속이 상하네요."

사실 손님들이 이런 자잘한 물건을 가져갈 때 주인은 크게 문제 삼기가 부담스럽다. 적반하장으로 손님이 도둑 취급한다고 따지기라도 하면 감정 대립과 다툼으로 이어질 수 있기 때문이다. 게다가 악성루머라도 퍼뜨리면 영업에 지장이 생기기 때문에 조심스러울 수밖에 없다.

따지고 보면 주인에게 허락을 받지 않고 가져가는 행위는 엄연히 절도에 해당된다. 형법에 따라 6년 이하 징역이나 벌금에 처하게 된다. 하지만 현실적으로 빨대 하나 가져갔다고 고소한다는 건 어려운 문제이다.

작은 무질서를 외면하지 말라

현재 우리나라의 소액 절도는 꾸준히 늘어나고 있다.

2017년도 대검찰청 범죄분석 통계에 의하면 절도 범죄 18만 4,355건 중 1만~10만 원 이하의 소액 절도가 25.8%를 차지했다. 그중 7.1%는 1만 원 이하의 소액 절도였다.

'바늘 도둑이 소 도둑 된다'는 격언이 괜히 있는 게 아니다. 소액 절도가 계속 소액에 그칠 리 없다. 더 큰 절도로 이어질 예비 절도일 가능성이 높다.

소위 대도라 하는 범법자들의 내력을 살펴보면 어김없이 소액 절도에서부터 시작했다. 소액 절도를 반복하면서 상습범이 되었고, 큰 규모의 절도로 확대된 것이다.

바늘이든 소든 절도는 범죄의 행위라는 점에서 동일하다. 다만 소도둑보다 바늘 도둑이 범죄 행위에서 벗어나기 훨씬 수월하다.

소액 절도는 대부분 청소년에게서 벌어진다. 그들의 절도 동기를 살펴보면, 대부분 우범 환경에 놓여 있다. 처음부터 의도를 갖고 절도한 것이 아니라 그럴 만한 환경에 휩쓸렸기 때문이다.

행정학에 '깨진 유리창 이론(Broken windows)'이 있다. 미국의 범죄학자 제임스 윌슨과 조지 켈링이 공동 발표한 이론으로 사소한 실수가 큰 결과를 가져온다는 이론이다.

스탠포드대학의 짐바브로 교수는 특별한 실험을 하였다.

인적이 드문 외진 장소에 본닛을 열어둔 채로 자동차를 방치해 놓았다. 1주일 후 어떤 결과가 있는지 확인해 보았다. 처음 그 모습을 그대로 유지하고 있었다.

이번에는 같은 조건에서 앞 유리창이 깨진 상태의 차를 방치하고 관찰하였다. 불과 10분 만에 배터리가 없어졌고, 누군가는 깨진 유리창 사이로 쓰레기를 던져 넣었다. 일주일이 지났을 때, 거의 폐차 수준으로 망가졌다.

두 자동차의 엄청난 차이는 단 하나였다. 깨진 유리창. 그 차이가 의미하는 바는 분명했다. '사소한 무질서를 방치하면 큰 문제로 이어질 가능성이 높다'라는 것이다.

깨진 유리창 이론을 실생활에 적용한 최초의 사례는 미국 뉴욕시였다.

80년대 미국에서 범죄 발생률이 가장 높은 곳은 뉴욕시의 지하철이었다. 연간 60만 건이었고, 여행객들 사이에서는 '뉴욕의 지하철은 타지 마라'는 말이 유행할 정도였다.

켈링 교수는 범죄를 줄이기 위해 지하철의 낙서를 지워야 한다고 뉴욕시에 건의하였다. 하지만 주위에서는 '범죄 단속이 우선이지 그깟 낙서 하나 지운다고 과연 범죄가 줄어 들겠는가'라며 의구심을 나타냈다. 결국 켈링 교수의 끈질긴 설득으로 제안이 받아들여졌다.

지우고 나면 또 생기는, 그야말로 낙서와의 전쟁이었다. 반복되는 과정에서 많은 인원과 예산이 투입되었다. 5년이 지난 뒤 드디어 낙서가 줄어들었다. 동시에 뉴욕시의 범죄 사건은 75%나 급감하는 눈부신 효과를 보였다.

이러한 시도는 최근 우리나라에서도 찾아볼 수 있다.

서울역 부근은 쓰레기와 음식물 찌꺼기, 심지어 폐기물 등이 아무렇게나 버려진 곳이었다. 미화원들이 열심히 치워도 곧 지저분하게 변했다. 이곳에 국화꽃 화분을 놓으면서 꽃거리를 조성하였다. 놀랍도록 깨끗한 거리로 바뀌기 시작했다.

깨진 유리창의 교훈은 작은 무질서를 외면하지 말라는 것이다.

작고 사소한 범죄를 방치하면 장차 더 큰 범죄로 이어질 수 있다는 경고인 것이다.

어떻게 깨진 유리창을 예방할 수 있을까?

첫째, 도덕적 민감성이다.

우리 내면에는 선과 악의 두 가지 심성이 있다. 둘은 갈등을 빚으며 대립한다. 이를 구분짓고 선택하게 하는 기준과 힘이 도덕이다. 그러나 유감스럽게도 악이 선보다 훨씬 유혹적이며 빠르다.

악은 여러 장치로 부지런히 우리를 선에서 멀어지게 한다. 우리가 도덕에 민감하지 않을 때, 어느덧 자신도 모르게 악의 손을 잡게 된다.

차량 실험을 통해서 보았듯이 악은 조건과 상황으로 우리를 유혹한다. 결국 깨진 유리창이라는 조건과 상황으로 도덕을 무력화 시켰다. 또한 사소하다는 이유로 우리의 도덕을 둔감하게 만들어 버렸다. '지저분한 거리에 쓰레기 하나 더한다고 무슨 문제가 되겠어?'라는 생각을 갖게 한 것이다. 그러나 깨진 유리창 하나가 전체를 범죄의 소굴처럼 만들었다. 반대로 지하철의 낙서를 지우는 사소한 장치를 바꿨을 뿐인데 도시의 범죄율은 현저히 줄었다.

둘째, 사소하지만 결코 사소하지 않다.

"나, 범죄자 아니에요."

최근 한 여성 국회의원이 재판을 마친 직후 취재하러 몰려든 기자들에게 한 말이다.

그는 공직자 재산 신고 과정에서 5억 원을 고의로 누락한 혐의를 받고 있었다. 재판에서 80만 원의 벌금형을 받았다. 100만 원 미만이므로 의원 신분은 유지할 수 있게 되었다.

당선 무효형이 아니므로 범죄자가 아니다?

범죄자는 범죄 행위를 한 자를 말한다. 80만 원의 벌금일지라도 범죄 행위를 법원에서 인정한 것이다. 그럼에도 입법을 다루는 의원의 입에서 당당하게 범죄자가 아니라는 말이 나왔다. 물론 전과기록에 남지는 않는다. 그렇다고 범죄 행위 자체가 정당화될 수는 없다. 평소 불법을 어떻게 생각하고 있는지, 그 내면을 단적으로 보여준 셈이다.

사소한 불법 행위일수록 법의 잣대보다 더 중요한 것이 마음의 도덕이다. 사소하다는 이유로 관대하게 여긴다면 장차 더 큰 악에도 비슷한 잣대를 들이댈 것이기 때문이다.

사소하지만 정의로운 행동 하나가 큰 정의보다 소중하다

우리는 사소한 것을 무시하거나 가볍게 여긴다. 작은 불법에는 둔감하고 큰 정의에만 민감한 듯 행동한다.

거창한 정의부터 지켜나가는 것이 정의로운 사회로 가기 위한 순서일까? 오히려 사소한 정의부터 지켜나갈 때 큰 정의가 지켜지는 것이다.

나 한 사람이 신호등 하나 지켰을 뿐인데 출근길 도시 전체의 병목현상이 사라지는 것과 같다. 아이들에게 '사람을 때리면 감옥에 간다'고 교육을 시키면서 꽃 한 송이, 풀 한 포기, 곤충 한 마리 생명의 소중함을 이야기하지 않으면 안 된다.

사람을 살해하는 것만이 범죄가 되고 정의가 사라지는 것이 아니다. 작은 물건 하나 가져가는 행위가 정의를 훼손시키는 것이다.

100-1=99가 아니라 100-1=0이다. 사소한 하나가 전체를 무너뜨린다. 그러므로 사소한 것은 결코 사소하지 않다. 그 이유를 조동화 시인은 '나 하나 꽃 피어'라는 시로 잘 노래하고 있다.

나 하나 꽃피어
풀밭이 달라지겠느냐고
말하지 말아라

네가 꽃피고 나도 꽃피면
결국 풀밭이 온통 꽃밭이
되는 것이 아니겠느냐

'나 하나 꽃 피는' 것은 사소하다. 아직 꽃밭을 이루지 못한다. 그러나 작은 것들이 모여 전체가 꽃밭이 된다.

정의 역시 거대한 담론이 아니다.

정의를 목청껏 외치는 것보다 정의로운 행동 하나가 더 소중하다.

작고 사소한 정의의 꽃 한 송이가 모이고 모여 결국 정의의 꽃밭을 만든다.

마시멜로의 유혹을 버티는 것이 정의

대한민국은 다이어트 중이다.

매스컴마다 다이어트 관련 정보로 가득하다. 식품과 요리법, 운동법, 전문가 조언 등. TV 채널에서는 전쟁이라고 할 만큼 다이어트 관련 식품과 운동 기구에 대한 광고가 줄을 잇고 있다.

비만은 당장 퇴치해야 할 사회악인 양 몰아부친다. 살이 찌면 마치 공공의 적, 범죄자라도 된 기분이다. 그러나 물만 마셔도 하루하루 늘어나는 살을 어찌하리오. 성인병의 원인으로 알려진 뱃살을 무슨 수로 빼리오.

다이어트에 좋다는 식품, 운동 기구의 유혹에 무방비 상태로 넘어간다. 다이어트에 성공하기는커녕 다이어트 식품은 켜켜이 쌓이고, 운동 기구는 천덕꾸러기로 방치되어 있기 일쑤이다. 그럼에도 끊임없이 다이어트 유혹에 시달려야 한다.

대한민국은 다이어트로 피곤하다.

필자 역시 예외가 아니다. 날마다 다이어트의 유혹과 싸우는 중이다.

어느 날 운동을 마치고 소파에 누워 있었다. 딸이 초콜릿을 맛있게 먹고 있었다. 자꾸만 초콜릿으로 가는 눈길을 애써 돌렸다. 하지만 어찌하리오, 침이 꼴깍 넘어갔다.

'저것은 나에게 적이고 독이다'라고 마음을 다독이며 입술을 꾹 물었다. 그런 아빠가 안쓰러웠는지, 딸이 "아빠 한 입만 드세요"라며 눈 앞에 초콜릿을 내밀었다.

"안 돼. 너나 많이 드세요."

말해놓고 TV 채널을 이리저리 넘길 때였다. 딸이 초콜릿을 필자의 입으로 쏙 들이밀었다. 그 순간 유혹과 갈등과 번민이 빠르게 밀려왔다.

이러면 안 되는데……, 이제껏 참은 게 아깝잖아? 초콜릿은 다이어트를 방해하는 수괴라고…….

그러나 입술에 닿은 초콜릿은 뇌의 기억을 일깨웠고, 불꽃처럼 아드레날린을 터트렸다.

그래, 딱 한 입만 먹자. 이 정도로 뱃살이 갑자기 나오는 건 아니잖아? 내일부터 더 열심히 운동하면 되지 뭐.

스스로를 위로했지만, 무거운 마음은 나아지지 않았다. 유혹에 지고 말았다는 자괴감 때문이었다. 유혹의 힘은 강렬했고, 결국 필자는 딱 한 입이 아닌 초콜릿 전부를 먹고 말았다.

하고 싶은 거 다 하고, 놀고 싶은 거 다 놀면 공부는 언제 하느냐?

어렸을 때부터 우리는 인내에 대해 교육을 받으며 자랐다. 참고 인내해야 성공한다는 말을 귀에 딱지가 붙도록 들었다. 인내를 달리 표현하면 유혹을 이겨내는 것이다. 고로 인내심이 많다는 것은 유혹을 무기력하게 만드는 자기절제의 능력이 좋다는 뜻이다.

인내가 교육의 주요 덕목인 이유는 분명하다. 우리 주위에는 숱한 유혹이 도사리고 있기 때문이다.

마시멜로 마시멜로 달콤해서 너무 좋아

말랑 말랑 말랑해 너무 너무나 말랑해

젤리처럼 통통해 쿠키처럼 촉촉해

가수 아이유가 부른 마시멜로 노래 가사의 일부이다.

달콤하고 부드러운 촉감을 가진 마시멜로는 미국 아이들이 좋아하는 간식 중 하나이다.

1966년 미국 스탠퍼드대학교 심리학과 월터 미셸 박사가 실험을 했다. 스탠퍼드대학의 병설 유치원에 다니는 4세 아동 653명을 대상으로 했다. 아이들에게 마시멜로를 하나씩 나눠주었다. 그리고 이렇게 말했다.

"여기 있는 마시멜로를 먹어도 돼. 만약 선생님이 밖에 나갔다가 돌아올 때까지 먹지 않고 기다린다면 마시멜로 1개를 더 줄게."

15분이 지났다. 그때까지 마시멜로를 먹지 않고 참고 기다린 아이들은 30%였다.

1개를 먹은 아이들, 15분을 기다려 2개를 먹은 아이들. 두 그룹으로 나눠 15년간 추적 관찰하였다. 두 그룹은 대학 수학능력 평가(SAT)에서 210점의 차이가 났다. 물론 성적이 나쁜 쪽은 참지 못하고 1개를 먹은 그룹이었다.

마시멜로 실험은 자기절제의 중요성을 말해주고 있다. 자기절제가 학업 성취도와 삶의 질에 영향을 미친다는 점이 드러났다.

마시멜로의 유혹에 넘어가 미래를 저버릴 것인가

필자가 현장에 있을 때 경험한 일이다.

불법 어업 행위를 하는 것으로 의심되는 어선을 발견했다. 해양경찰 경비함정이 검문 검색하기 위해 경광등을 울리며 접근했다.

어선이 갑자기 도주하기 시작했다. 정선하라는 경고 방송을 무시한 채 S자를 그리며 요리 조리 빠져나갔다. 추적은 2시간 동안 이어졌다. 검거된 어선은 금어기를 어긴 어업 행위를 한 것이다.

바다는 21세기 식량의 보고이다. 그만큼 해양의 생태계는 중요하다. 어족자원을 관리하고 보호해야 한다. 하지만 일부 몰지각한 어민들은 어둠을 틈타 금어기의 어종과 그 치어까지 잡고 있다. 이런 불법 행위들이 결국 어족자원의 고갈로 이어지는 것이다. 눈앞의 마시멜로에 넘어간 것처럼 당장의 유혹에 넘어가 미래를 저버린 셈이다.

욕구의 즉각적인 충족과 감정의 직접적인 표출을 억제하는 능력을 자기통제(Self command)라고 한다. 자기통제력은 타고난 자질이 아니다. 학습된 내용을 훈련해 내 것으로 만드는 것이다.

그에 반해 유혹은 본능적 호소에 가깝다. 인간은 누구나 허기가 심하면 저절로 음식에 눈길이 가고, 피곤하면 그만 쉬고 싶어지는 습성을 가지고 있다. 그러므로 절제하지 않으면 언제든지 유혹에 빠져 들 수밖에 없다.

인내, 즉 자기통제력이라는 것은 몸이 원하는 유혹을 머릿속에 저장된 이성과 도덕으로 물리치는 억제력을 말한다.

그러나 문제는 그 유혹이 결코 만만하지 않다는 점이다. 눈앞에 마시멜로를 먹어치운 아이도, 참으면 마시멜로가 하나 더 생긴다는 것을 알았다. 불법 어업에 나선 어부 역시 내일을 위해 자원을 보호해야 한다는 사실을 알면서도 당장의 유혹에 넘어갔다.

우리의 일상은 유혹의 연속이다. 필자는 20대부터 담배를 피웠다. 무려 3천여 가지의 발암물질이 있는 담배가 건강에 나쁘다는 것을 모르지 않았다. 알면서도 막상 끊기는 어려웠다.

당시 필자는 수시로 담배를 끊고 싶었다. 그러나 금연 시도는 번번히 실패했다. 주변 사람들에게 담배를 끊겠다고 공공연하게 선언도 했다. 새로 산 담배를 모두 부러뜨리고 비싸게 구입한 라이터도 과감하게 버렸다. 하루 이틀은 그런대로 견딜 만했다. 마의 나흘째. 금단 현상으로 초조함과 함께 불안감이 몰려왔고, 신경이 날카로워지기 시작했다. 하루에도 수십 번씩 갱년기 증상처럼 감정이 오르락 내리락 하였다.

'그렇게 스트레스를 받을 바엔 차라리 피워버려, 스트레스가 흡연보다 더 나쁠 수도 있잖아.'

유혹은 끊임없이 인내와 절제력을 물어뜯었다.

금연 클리닉에 참가하여 패치도 붙여봤다. 흡연의 욕구가 들 때마다 사탕을 먹거나 가글을 하였다. 오랜 기간 인고의 나날을 보냈고, 마침내 금연에 성공했다.

그럼에도 가끔씩 견디기 힘든 일이 있을 때, 자신도 모르게 담배 한 모금이 그리웠다. 담배는 끊은 게 아니라 잠시 중단하는 것이라고 했던가. 아주 틀린 말은 아닌 듯하다. 유혹은 여전히 호시탐탐 자기절제가 허술해질 빈틈을 노리고 있다. 물론 예전과 달리 쉽사리 유혹에 넘어가진 않으리라 생각한다. 숱한 실패를 통해 자기절제의 능력 역시 단련되었을 터이므로.

정의를 지키는 것도 금연과 흡사하다

정의는 끊임없이 불의한 것들로부터 유혹을 받는다. 공공의 이익보다 이기주의를 앞세우려는 유혹, 합법보다 편법과 불법의 유혹, 공정성보다 특혜의 유혹, 을보다 갑으로 서려는 유혹…….

이러한 유혹에 무너지지 않는 것이 정의를 지키는 길이다. 그러려면 불의에 민감하게 반응해야 한다. 유혹에 넘어지는 이유는 간명하다. 자신에게 유리한 결과를 만들고 싶다는 열망이다. 결과를 얻기 위해 과정과 절차를 무시하는 것이다.

가령 선거에 나선 출마자가 있다고 해 보자. 당선이라는 결과를 얻기 위해 숱한 유혹의 손길과 마주할 것이다. 상대방의 지지자를 매수한다든지, 거짓 정보로 상대를 비방한다든지, 학력과 경력을 과장하여 기재하는 등의 유혹들. 실현 가능성이 없는 공약을 남발하고 싶은 유혹에 사로잡히기도 한다.

이런 다양한 유혹에 맞서기 위해선 과정이 정당한지를 살펴야 한다. 그리고 절차가 합법한지도 점검해야 하는데 이는 이성과 도덕이라는 잣대로 점검해야 한다.

감정이 원하는 바를 쫓을 것인가?

부도덕한 사람이 될 것인가?

또는 불법이라도 저질러 원하는 결과를 얻어낼 것인가?

눈앞의 마시멜로처럼 달콤한 유혹을 떨쳐내기 위해선 이성과 도덕의 여과 장치가 필요하다. 정당한 과정, 합법한 절차를 거쳐야 비로소 또 하나의 마시멜로를 얻을 수 있는 것이다.

올바른 신념은 반드시 올바른 행동으로 이어져야 하는 것일까?

정의는 반드시 정의로운 행위가 수반될 때 가능한 것인가?

정의가 그렇게 엄중한 것이라면 과연 실천할 수 있을지 의문이다. 플라톤의 '이데아'는 그야말로 관념의 세계 속에서나 가능할지도 모른다.

그렇다면 현실적인 대안은 없을까?

어렵게 생각할 것 없다. 불의에 빠지지 않는 것만도 정의이다.

불의와 타협하지 않는 것도 정의를 실천하는 행위이다.

또한 불의한 유혹을 이성과 도덕으로 절제하는 것도 정의이다.

엄중한 정의보다는 오히려 사소한 정의가 더더욱 소중한 이유이다.

학습된 무기력에서 벗어나라

로사 파크스는 직장에서 해고되었다.

백화점 재봉사로서 일을 못한 것도, 회사에 불이익을 끼친 것도 아니었다. 이유는 단 하나, 흑인으로서 학습된 무기력에 의문을 제기했기 때문이다.

1955년 12월 1일, 로사는 퇴근 후 버스를 타고 귀가 중이었다. 앨라배마 몽고메리의 시내버스는 백인과 흑인의 좌석이 구분되어 있었다. 로사는 흑인석으로 지정된 앞자리에 앉아 있었다. 백인 좌석이 다 찬 상태에서 한 백인 남성이 서 있었다. 운전사는 앞자리에 앉아있는 4명의 흑인들에게 자리를 양보할 것을 요구했다. 세 명의 흑인 남자는 뒷자리로 옮겼다. 그러나 로사는 거절했다. 결국 체포되어 감옥에 갇혔고, 이 사실이 알려지면서 직장에서 쫓겨났다.

우리 안의 원숭이 5마리를 대상으로 실험을 하였다.

원숭이가 좋아하는 바나나를 장대에 걸어 놓았고 장대에 접근하면 자동으로 우리 전체에 물을 분사하는 장치를 설치하였다.

원숭이들은 한동안 장대에 매달린 바나나에 관심을 보이지 않았다. 인간이든 동물이든 무리 중에는 호기심 많은 누군가가 있기 마련이다. 한 마리가 어슬렁어슬렁 장대 쪽으로 다가가더니 바나나를 잡기 위해 팔짝 뛰었다. 그 순간 물이 자동 분사되어 원숭이들이 영문도 모른 채 졸지에 물벼락을 맞았다.

얼마 후 또 다른 녀석이 장대에 접근했다. 바나나를 따려는 순간 역시 물벼락을 맞았다. 5마리가 모두 도전을 하였지만, 결국 물에 빠진 생쥐 꼴이 되었다.

원숭이들은 실패의 경험을 통해 뼈저리게 깨달았다. '바나나는 딸 수 없으며, 장대에 접근하면 물벼락을 맞는다'는 사실을.

사육사는 다섯 마리 중 한 마리를 빼고 새로운 한 마리 A를 우리에 집어넣었다. 신참인 A가 장대에 접근해 바나나를 따려 했다. 그 순간 원래 있던 원숭이 4마리가 득달같이 달려들어 A를 두들겨 팼다. A는 이유도 모르고 죽도록 맞았다.

어느 정도 시간이 흘러 5마리 중 또 한 마리를 빼고 원숭이 B를 우리에 넣었다. B역시 바나나를 따기 위해 접근하였고 원숭이 4마리가 기다렸다는 듯이 때렸다.

실험은 계속되었다. 처음 우리에 있던 5마리는 모두 나가고 ABCD의 새로운 원숭이들만 남게 되었다. 그러나 누구도 바나나를 딸 생각은 하지 않았다.

이는 학습된 무기력에 대한 실험이었다.

학습된 무기력이란, 실패를 반복적으로 경험하면서 상황과 조건을 감당할 동력을 잃은 상태를 일컫는다. 이러한 무기력은 새로운 상황과 조건조차 앞선 경험으로 인식해 당연하게 받아들인다.

왜 부당한 대우를 받는지 의문을 제기하지도 않는다. 억압하는 힘에서 벗어날 궁리조차 하지 않는다. 억압의 존재가 무엇인지에 대한 생각조차 하지 않는다.

학습된 무기력의 위험성에 대해 원숭이 실험이 잘 보여주고 있다. 새롭게 우리에 들어온 원숭이들은 사실 백지 상태였다. 바나나에 접근해 물벼락을 맞아본 경험이 없었다. 물벼락을 맞게 된다는 사실조차 알 턱이 없었다. 다만 장대에 접근하면 얻어맞는다는 점만 기억해 바나나를 바라보지도 않았다.

학습된 무기력의 폐해

학습된 무기력은 상황을 확대하고, 왜곡시킨다. 원숭이들은 왜 장대에 접근하지 말아야 하는지, 그 이유를 모른다. 그저 맹목적으로 주어진 상황을 받아들인다. 바나나를 바라보는 것조차 차단하는 행동으로 상황을 더 심각하게 만들어 버리는 것이다.

이처럼 무기력은 변화의 의지를 꺾어버린다. 환경에 지배를 당해 자포자기 상태에 빠지게 된다. 게다가 이 상황을 극복할 수 없다는 부정적인 생각이 더더욱 무기력하게 만든다. 아무리 노력해도 상황이 바뀌지 않으리라는 비관적 생각에 빠져 현실 안주의 삶을 살게 된다.

이러한 학습된 무기력은 단지 원숭이에 국한된 이야기가 아니다. 오늘날 우리의 실생활에서도 버젓이 자행되고 있다.

몇 해 전, '인분 교수'라고 명명된 사건이 있었다.

경기도 한 대학의 장모 교수가 제자에게 가한 행위는 가히 엽기적이라고 할만 했다.

제자는 열심히 공부해 교수가 되고 싶었다. 실력과 영향력을 갖췄다고 판단한 장 교수의 제자가 되었다. 장 교수는 일을 못한다는 이유로 제자를 야구방망이로 폭행했다. 폭행이 반복되었지만, 제자는 불이익을 당할 것을 염려해 반발하지 못했다.

폭행은 갈수록 심해져 학대 수준이 되었다. 연구실에 감금한 채 며칠 동안 밥을 굶겼고, 손과 발을 결박한 채 머리에 비닐 봉투를 씌워놓고 호신용 스프레이를 분사하기도 했다. 10차례 이상 인분까지 먹게 했다. 이러한 끔찍한 학대는 2년 가까이 이어졌다.

그렇다면 성인이었던 제자는 왜 학대에 저항하지 못했을까?

24시간 감시 시스템, 아킬레스를 끊겠다는 가해자의 협박, 피해자 자신의 장래 문제 등등을 꼽을 수 있다. 보다 근본적인 원인은 피해자의 고백에서 찾을 수 있다.

"맨날 맞고, 오늘도 맞는구나, 내일도 맞는구나, 그러면 사람이 바보가 돼요. 맞는 것에 이미 길들여져 있었거든요. 노예, 거의 짐승이었습니다."

피해자는 학습된 무기력에 빠져 있었다. 벗어날 수 없는 상황이 계속되면서 판단의 기능이 정지된, 피해자의 말대로 바보가 된 셈이었다.

앞서 예시한 몽고메리 버스에 있던 3인의 사내는 순순히 자리를 양보했다. 내키진 않았지만 학습된 무기력에 따라 행동했다.

그러나 로사 파크스는 온몸으로 무기력의 벽에 항거했다. 용기 있는 여성이었기 때문이 아니었다. 평범한 흑인 여성의 삶을 살고 있었지만, 자신의 권리를 부당하게 빼앗기고 싶지 않았던 것이다.

로사의 저항이 알려지자 흑인들은 그녀의 행동에 동참했다. 버스를 타지 않고 걸어서 출근했고, 그러면서 흑인 인권 운동이 시작되었다. '몽고메리 진보 협회'가 결성되면서 마틴 루터 킹 목사를 회장으로 선출했다. 이후 로사는 미국 의회로부터 '현대 인권 운동의 어머니'라고 불리워졌다.

정의는 인간답게 살아야 할 권리를 위해 존재한다. 인권은 정의의 두 기둥, 자유와 평등의 가치 위에서 온전해진다.

하지만 학습된 무기력은 자유가 속박되고, 불평등이 판을 치게 만든다. 따라서 정의의 진전은 학습된 무기력, 그 높은 벽을 깨는 몸부림으로부터 시작된다.

우리 사회에 아직도 학습된 무기력으로 억압과 불공정이 남아 있는가?

누군가는 지금도 장대에 매달린 바나나를 쳐다보지도 못하는 원숭이 꼴은 아닌가 살펴봐야 한다.

그런 것들이 주변에 널려 있다면 우리 사회 정의는 여전히 미완인 셈이다.

특히 학습된 무기력은 사회적 약자에게서 많이 발생한다. 사회적 약자에게 끊임없이 손길을 내밀어야 하는 이유가 바로 여기에 있다.

학습된 무기력을 깨고 자신의 권리를 찾아나가는 시도, 그것이 바로 정의를 향해 나가는 길이다.

불의에 대한 내성을 키워라

정의는 매일 입는 옷과도 같다.

옷을 한 번 세탁했다고 영원히 깨끗함이 유지되는 것은 아니다. 입고 벗을 때마다 세탁을 해야 한다. 우리 주위에 달라붙은 불의의 때도 마찬가지다. 수시로 씻어내야 한다.

가을비가 을씨년스럽게 내리던 날, 후배와 삼겹살에 술을 한잔 했다.

모처럼 즐거운 시간을 보내고 계산을 하기 위해 자리에서 일어났다. 9만 5천 원. 마침 잔돈이 없어 5만 원권 2장을 종업원에게 건넸다.

거스름돈을 받아 지갑에 넣으려는 찰라, 5천 원이 아니라 5만 원이라는 걸 알아챘다. 순간 당황하였다. LTE급으로 갈등했고, 이내 혼란에서 빠져나오며 되돌려줬다.

후배가 농담처럼 너스레를 떨며 말했다.

"에이, 그냥 나오시지. 오늘 공짜술 마실 수 있었는데."

필자는 내심 안도의 숨을 내쉬었다. 공짜술의 유혹에서 두고두고 마음 무거울 뻔한 위기를 잘 벗어났으므로.

EBS 방송에서 도덕성에 대한 실험을 한 적이 있었다.

대학생 10명에게 실험 참가한 사례로 10만 원씩 지급한다고 미리 이야기를 했다. 실험 준비팀은 의도적으로 봉투에 5만 원을 추가하여 15만 원을 넣었다. 그리고 실험이 끝나고 한 명씩 봉투를 건네며 말했다.

"약속한 사례금 15만 원입니다."

과연 어떤 반응을 보였을까?

모른 척하고 받으면 5만 원이 더 생기는 것이다.

일부 대학생들은 사전 약속과 달라진 사례금에 대해 별다른 이의를 제기하지 않았다. 내심 여러 생각을 했을 것이다.

'실험에 참가하니까 이 정도는 받을 수 있지 않을까?'

'자기들이 계산을 잘못했으니 내 책임은 아니지.'

'본래 15만 원인데 처음에 10만 원이라고 잘못 공지를 했나?'

이렇게 스스로 합리화를 시켰을 것이다.

하지만 일부 대학생은 다르게 반응했다. 추가된 5만 원의 의미에 대해 실험 준비팀에게 분명히 확인하는 과정을 거쳤다.

"처음 약속보다 5만 원이 많은 거 같군요."

"왜 이렇게 많이 주세요?"

"계산이 잘못되었네요."

아무리 양심적이고 원칙을 지키는 사람이라도 부지불식간에 찾아오는 유혹을 떨쳐버리기는 쉽지 않다. 양심에 거스르는 행동인줄 알면서도 유혹에 속수무책 넘어갈 때가 있다. 그렇게 몇 번을 흔들리다 보면 어느새 자신도 모르게 젖어 버린다. 결국 습관화되어 원칙에서 벗어난 생각과 행동을 해도 딱히 양심의 가책을 느끼지 못한다. 도덕적 해이(Moral hazard)인 것이다.

도덕적 해이는 선과 악, 합법과 불법, 양심과 비양심 사이를 견제하는 끈이 느슨해진 상태이다. 이런 상태에서는 당연히 법과 질서를 어긴 채 자신의 책임을 다하지 않는다. 우리는 이런 도덕적 해이에 빠질 위험성에 항상 노출되어 있다.

유혹에 민감하지 않으면 도덕적 해이에 빠진다

도덕적 해이가 일어나는 원인은 무엇일까?

자신에 대한 관대함에서 원인을 찾을 수 있다. 거스름돈으로 받은 5만 원, 15만 원으로 둔갑한 실험 사례금에서 알 수 있듯이 '이 정도면 괜찮겠지', '나만 그러는 게 아니라 남들도 다 그렇게 하는데'라는 생각이 문제다.

인간은 누구나 타인을 향한 잣대가 엄격하고 정확하다. 하지만 자신에게는 마치 고무줄처럼 느슨해 친절하고 너그럽다. 이러한 관대함은 부정과 비양심의 행위로 이어지게 된다.

도덕적 해이의 위험성은, 되풀이되면서 습관으로 고착화된다는 점이다. 불의에 둔감해지고, 법을 위반해도 자기 합리화하며, 결국 죄책감마저 느끼지 못하게 된다.

우리 주위에는 도덕적 해이에 빠지게 할 숱한 유혹이 널려 있다.

초과근무 수당 부당 수령, 출장비 허위 청구, 각종 책임 회피와 직무유기, 직권남용, 음주운전, 근무지 무단이탈, 취업과 입시 비리 행위, 허위 보험금 수령……. 이러한 유혹에 민감하게 대처하지 않으면 머지않아 도덕적 해이에 빠진다.

도덕적 해이는 청렴성은 물론, 책임감이나 평등 등의 기준을 어지럽힌다. 우리 사회가 추구하는 공동체의 가치를 침해한다. 결국 정의를 훼손하게 된다.

도덕적 해이를 방치할 경우, 가장 심각하게 내상을 입는 것이 바로 정의이다.

도덕적 해이를 법으로 막을 수 있을까?

어느 날 A는 실수로 사무실에서 쓰던 볼펜 한 자루를 가방에 넣고 집으로 갔다. 사무실에 다시 가져다 놓아야 하지만, 차일피일 미루다 보니 며칠째 그러지 못했다.

회사에서는 이를 법의 심판에 맡기기로 했다. 어떤 결과를 예상할 수 있을까. 볼펜 한 자루에 절도죄 하나, 볼펜 한 다스에 절도죄 12개?

죄형법정주의인 형법이나 각종 특별법을 감안할 때, 그 한계가 있기 마련이다. 따라서 도덕적 해이는 보이지 않는 양심에 맡겨야 하는 쪽이 훨씬 많다.

법은 사실 사회질서 유지를 위한 응급 처방이다. 배가 아플 때 진통제를 주는 격이다. 근본적인 치유책이 되기는 어렵다. 임시적 처방이 아닌 근본적으로 치료하기 위해서는 양심의 문제로 접근할 필요가 있다.

여기서 양심은 내 양심이 아니다. 내 양심은 관대함과 합리화로 유혹에 흔들릴 수 있다. 따라서 타인을 의식하는 공동체를 향한 양심이어야 한다.

A는 비록 볼펜 한 자루이지만 사무실에 돌려놓지 않은 것이 꺼림직 했다. 바로 자신의 양심에 걸린다는 것이다. 그러나 회사라는 공동체를 생각하지 않는다면, A는 어느 순간 자신을 속이게 될 것이다. 즉 나만을 의식할 때 양심에 어긋난 행동을 할 가능성이 높아진다.

그러므로 양심도 외부의 시선으로 판단해야 한다. 나로 인해 공동체가 피해를 볼 수 있다는 생각이 진정한 양심이고, 비로소 불법으로 이어질 유혹에서 벗어날 수 있다.

거스름돈으로 5천 원 대신 5만 원을 받았던 일을 가끔 생각한다. 만약 그날 후배 말처럼 종업원의 실수를 내 탓이 아니라며 모른 척했으면 어떻게 되었을까? 남들은 알지 못하는 나만의 부끄러움과 죄책감에 시달렸을 것이다. 그 식당 앞을 지날 때마다 고개를 숙이던가 에둘러 다녔으리라.

그 종업원은 실수에 대해 어떤 식으로든 주인으로부터 대가를 치뒀을 것이다. 자칫하면 한순간의 유혹으로 가슴 졸이며 살아갈 뻔했다.

도덕적 해이는 양심의 그늘이다.

음지 식물로 살고 싶지 않거든 단 한 번의 도덕적 해이일지라도, 그 경험을 가볍게 생각해서는 안 된다. 머지않아 반복될 터이기 때문이다.

무너지는 것은 갑작스레 무너지지 않는다. 그리 보일 뿐, 그 내면에는 이미 미세한 균열이 무수히 일어난 결과이다. 양심을 지키는 것도 비슷하다. 유혹에 넘어가지 않는 수많은 경험이 불의에 대한 내성을 키워준다.

정의는 소중하다.

그렇다고 위대한 이념, 거창한 행동으로 완성되는 것이 아니다.

오히려 가볍고 사소할지라도 내 안의 양심의 소리에 귀를 기울이는 것이다.

그 소리에 따라 민감하게 반응하며 도덕적 해이를 경계하는 것이다.

No라고 말할 수 있는 용기가 정의다

"그동안 수고 많았어요. 이번에 입사한 직원도 있고 하니, 오늘은 회식을 할까 합니다. 뭘 먹어야 잘 먹었다고 소문이 날까. 각자 의견을 말해줘요."

팀장은 주위를 둘러보며 덧붙인다.

"참고로 나는 회를 좋아합니다."

피자가 먹고 싶은 김 대리, 치맥이라면 자다가도 일어나는 신입 사원.

일식, 한식, 중식……. 직원들은 각자의 취향에 맞는 메뉴들을 떠올려본다. 그러나 결국 "팀장님 저희도 회를 좋아합니다"라며 울며 겨자 먹기로 팀장의 취향을 따른다.

막상 회식이 끝나고 나면 조심스레 자신의 의견을 밝힌다.

"사실, 나는 회 알레르기가 있어."

"전 참치회 말고는 안 먹어요."

"오늘 급한 일이 있었는데, 빠지면 안 될 듯한 분위기라 억지로 왔어요."

왜 자기가 먹고 싶은 것을, 회식에 갈 수 없는 사정을 이야기하지 못할까? 윗사람 눈치를 살피며 자신의 의견을 묻어두는 걸까? 머리로는 No, 그러나 입으로 Yes를 외치는 태도만이 바른 처세술인가?

어느 날 하비는 미국의 텍사스주 콜빈에 있는 처가를 방문했다.

가족들은 오랜만에 만나 즐거운 시간을 보내고 있었다. 불쑥 장인이 "에빌린에 가서 저녁을 먹고 오자"고 제의했다. 하비의 아내는 "그거 좋은 생각인데요"라고 맞장구를 쳤다.

하비는 '이 무더운 여름날 에빌린까지 간다는 건 말도 안 돼. 아니 왜 고생을 사서 하는 거지?'라고 생각했다. 그러나 선뜻 자신의 의견을 밝히지 못했다. 오히려 몹시 기대된다는 식의 반응을 보였다.

하비의 가족은 에빌린에 가서 저녁 식사를 했다. 오고 가는 4시간 동안 에어컨이 고장난 자동차에서 비지땀을 흘려야 했다.

형편없는 음식, 비싼 가격, 직원의 불친절 태도까지 더해져 최악의 저녁 식사였다. 그럼에도 지쳐 있는 가족들을 향해 누군가 "오늘 아주 재미 있었죠"라며 마음에도 없는 말을 꺼냈다.

장모가 고개를 흔들며 말했다.

"에빌린에 가고 싶지 않았어. 너희들이 하도 가자고 조르니까 갔다."

하비 역시 뒤늦게 자신의 솔직한 생각을 털어놓았다.

"저 역시 가족들을 위해 어쩔 수 없이 간 겁니다."

하비의 아내가 볼멘소리로 말했다.

"이 무더운 날 내가 왜 가자고 했겠어요. 모처럼 처가에 온 당신을 위해 가자고 했다고요."

장인은 길게 한숨을 토했다.

"거리도 멀고, 음식도 맛없다는 걸 내가 왜 몰랐겠어. 난 그저 가족들이 심심해하는 듯해 가자고 했어."

그렇다면 아무도 에빌린에 가고 싶지 않았다는 말이다. 어느 누가 강제로 손을 잡아끈 것도 아니었다. 그럼에도 마치 의견 일치를 이룬 듯 흔쾌히 집을 나섰다.

No라고 말하지 못하는 이유

원하지 않는 상황임에도 불구하고 No라고 말하지 못할 때가 있다. 주위의 시선, 즉 전체의 분위기를 의식하기 때문이다.

우리는 사회의 구성원이자 독립된 하나의 인격체이다. 이 둘의 생각과 행동이 잘 맞아떨어지기도 하고, 어긋나며 맞부딪히기도 한다. 후자의 경우가 이해 상충이다.

이해 상충을 해결하는 방법은 두 가지 형태로 나타난다.

첫째, 대화와 협력으로 둘의 접점을 찾는다. 이는 어느 한쪽의 희생을 강요하지 않는다. 일시적으로 갈등을 빚을 수는 있어도 접점을 통해 긍정적인 모습으로 변모한다.

둘째, 일방적으로 어느 한쪽의 의견을 좇는다. 이는 힘의 논리로 문제를 해결하려는 태도이다. 사회적 위치와 권위에 눌린 쪽은 차마 No라고 말하지 못한다. 갈등은 해결되지 않은, 잠복된 채로 남아 있기 마련이다.

대표적인 사회 구성체는 가정과 직장이다.

가정에서 가족은 구성원의 행복을 위해 서로 의지하며 살아간다. 직장은 공동체의 이익을 위해 존재한다. 그러므로 사회 구성체마다 공동의 목표를 지니며, 그를 향해 나아간다.

사회 구성체가 목표한 결과를 위해 각각 구성원의 의견 일치를 강요하거나 유도하는 경우가 있다. 그때 "저는 다르게 생각합니다" 또는 "반대합니다"라고 말하기란 쉽지 않다. 주관이 확실한 사람이라고 인정받기는커녕 개인주의자로 낙인찍힐까 두려워 입을 닫아 버리게 된다. 타인의 시선이 부담스러워 내키지 않아도 눈치를 보면서 전체를 따를 수밖에 없다.

이런 분위기는 가정보다 직장에서 더 크게 작용한다. 그러다 보니 설령 자신의 의견이나 생각과 다를지라도 상사와 동료의 눈치를 보며 어쩔 수 없이 동의하곤 한다. 묵시적 동의의 이면에는 불이익에 대한 두려움이 있다.

'불평불만이 많다', '눈치가 없다', '직장에 대한 믿음이 약하다'.

이러한 평판으로 결국 인사상 불이익을 받거나 조직 내 아웃사이더가 될 듯한 두려움이 있다. 결국 No라고 말하는 대신 마음에도 없는 동의를 하며 순응주의자로 살아가게 되는 것이다.

하비의 가정에서 본 것처럼 에빌린에 가고 싶은 이는 아무도 없었다. 그럼에도 누구도 No라고 말하지 않았다.

이러한 경우를 심리학에서는 '집단 사고(Groupthink)'라고 말한다. 원하든 원하지 않든, 우리는 집단 사고의 우산 아래서 살아간다. 그 우산 아래에 머물 때는 적어도 비난은 피할 수 있다. 문제는 우산의 영향력에 길들여져 개인의 자유의지가 침해받는다는 점이다. 이러한 집단 사고가 우선시 되면서 개인의 권리가 뒤로 밀리거나 포기하게 된다.

정의를 해치는 집단 사고

집단 사고는 구성원들의 대화와 토론으로 일치된 생각을 이끌어 낸 것이 아니다. 이미 정해진 어느 한 방향으로 통일시킨 것이다. 따라서 개인이 이의를 제기하거나 대안을 제시하는 것을 좀처럼 용납하지 못한다. 전체가 결정한 내용 이외에는 합리적 의견으로 여기지도 않는다. 한마디로 '무조건 따라와' 식이다.

집단 사고는 다름을 틀림으로까지 폄하한다. 또한 외부의 비판에는 냉혹하게 반응하면서도 자기검열에는 상당히 관대하다. 오류가 있어도 무관심하게 대응을 한다. 결국 내 의사와 달라도, 부당한 대우를 받더라도 No라고 말하지 못하게 된다. 그래서 집단 사고는 위험하다. Yes만 인정받고 No는 외면당하기 때문이다.

개인이 공동체의 가치를 존중하는 것이 정의이다. 역으로 공동체가 개인의 권리를 존중하는 것도 정의이다.

정의의 본질은 개인과 공동체가 동일한 위치에서 평형을 이뤄야 한다. 집단 사고로 인해 평형이 깨지는 순간, 공동체의 힘에 의해 개인의 권리가 존중받지 못할 때, 정의는 손상을 입는다.

학연, 지연, 혈연 관계가 촘촘한 우리나라에서는 집단 사고가 상당히 팽배해 있다.

특히 정치권과 특정 기득권층에서의 집단 사고는 극단적인 모습을 보인다. 자신들의 이해와 충돌하면 막말로 물고 뜯는 정치가 그렇고, 국민의 기본권을 외면한 채 집단 이기주의에 빠진 기득권층이 그렇다.

자신들이 유리한 쪽으로 이끌기 위해 집단 행동을 서슴지 않는다. 사법권을 가진 기관들은 막강한 힘을 오남용한다. 심지어는 법률을 개정해서라도 자신들의 이익을 대변한다. 어제 오늘의 일이 아니다. 그들은 국민들을 위한다는 명분을 내세우지만 실제로는 소속된 공동체의 이익을 위한 꼼수로 집단 사고를 이용한다.

이러한 집단 사고에 순순히 Yes로 화답한다면, 우리의 정의는 온전해질 수 없다. 누군가 No를 말할 수 있어야 한다. 집단 사고로 위협받는 정의의 가치를 지켜야 하기 때문이다.

No를 향한 공동체의 태도 역시 중요하다. No 속에 담긴 개인의 의견과 권리를 충분히 인정해야 한다.

No를 불복종과 저항으로 여겼던 역사가 있었다. 정의의 가치가 무참하게 짓밟혔던 시기였다. 군주가 권력을 독점하던 봉건시대, 맹목적으로 전체주의를 추구하던 파시즘, 민주주의를 파괴한 독재정치에서는 No 자체가 용인되지 않았다. 이는 정의의 가치가 상실된 사회였기 때문이다.

No를 거절이 아닌 다름으로 여겨야 한다.

No의 목소리에서 개인의 권리가 침해되었는지 살펴봐야 한다.

또한 No의 의미에서 집단 사고의 오류를 찾아내야 한다. 이러한 No에 귀 기울이는 공동체가 정의로운 사회이다.

'모두가 Yes! 라고 말할 때, No! 라고 말할 수 있는 용기.'

단순히 개인의 취향에만 국한되는 의미가 아니다.

집단 사고의 위험성을 경고하는 행위이기 때문이다.

나아가 부당함과 불공정함에 대한 저항이기 때문이다.

정의는 왜 내 편이 아닌가

2021년 5월 21일 1판 1쇄 발행

지은이 김성완
펴낸이 조금현
펴낸곳 도서출판 산지
주소 서울시 서초구 방배중앙로83, 302
전화 02-6954-1272
팩스 0504-134-1294
이메일 sanjibook@hanmail.net
등록번호 제018-000148호

©김성완, 2021
ISBN 979-11-971033-9-1 03330